Simply Seven

Einfach gesund kochen
mit nur 7 Zutaten

☆　　☆　　☆　　☆　　☆　　☆　　☆

RITA SERANO

FOTOGRAFIEN VON LAURA EDWARDS

Hölker Verlag

Die Originalausgabe mit dem Titel *Vegan in 7* ist 2017 in englischer Sprache
bei Kyle Books, Teil der Octopus Publishing Group Limited, Carmelite House,
50 Victoria Embankment, London EC4Y 0DZ, UK erschienen.

Text © 2016 Rita Serano
Fotografie © 2016 Laura Edwards
Design © Kyle Books

5 4 3 2 1   22 21 20 19 18
978-3-88117-183-0

Übersetzung: Dr. Christine Schlitt
Lektorat: Mareike Bartholomäus
Redaktion: Angela Vornefeld
Satz: Helene Hillebrand
© 2018 Hölker Verlag in der Coppenrath Verlag GmbH und Co. KG,
Hafenweg 30, 48155 Münster, Germany
Alle Rechte vorbehalten, auch auszugsweise

www.hoelker-verlag.de

VORWORT

Als ich sechs Jahre alt war, habe ich zum ersten Mal für meine Eltern gekocht. Es war etwas ganz Einfaches: Pasta mit Tomatensoße. Aber ich erinnere mich, wie stolz ich war und wie viel Spaß es mir gemacht hat. Auch heute bereitet es mir noch viel Freude, für meine Familie und Freunde zu kochen.

Ich bin mit makrobiotischer Ernährung groß geworden. Es gab Vollkornreis mit Bohnen, Gemüse mit Sesamsamen und viele Vollkornprodukte. Alles wurde stets mit frischen Zutaten zubereitet. Ausnahmsweise habe ich bei meinen Großeltern auch mal Süßigkeiten gegessen. In der Regel gab es jedoch Früchte als Nascherei. Mein Vater brachte oft köstliche Mangos mit, die wir sofort verspeisten. Und im Schrebergarten meines Großvaters habe ich Stachelbeeren direkt vom Strauch genascht.

Mein Weg zum gesunden Essen verlief jedoch nicht immer geradeaus. Wie bei vielen Kindern veränderte sich meine Ernährung in der Pubertät. Ich ernährte mich zwar immer noch hauptsächlich vegetarisch, allerdings war mein Speiseplan alles andere als gesund. Wenn ich mit Freunden zusammen war, aßen wir meist Pommes frites, Gebratenes, Käse und Schokolade und tranken zuckerhaltige Limonade. Doch schon bald forderten meine schlechten Essgewohnheiten ihren Tribut. Ich bekam am ganzen Körper rote Flecken. Die Ärzte diagnostizierten Psoriasis, eine Autoimmunerkrankung, und teilten mir mit, dass ich damit leben müsse.

Ich entschloss mich, meine Essgewohnheiten zu verbessern, und kehrte zur makrobiotischen Ernährung zurück. Außerdem besuchte ich Kochkurse. Die Flecken verschwanden jedoch nicht. Dann fing ich mit Kung Fu an und traf dabei einen Lehrer, der mich auf den richtigen Weg brachte. Ich ließ industriell verarbeitete und tierische Lebensmittel sowie weißen Zucker weg. Ich fand wieder Geschmack an frischen Lebensmitteln, vor allem Früchten. Außerdem reinigte ich meinen Körper durch Kräuter und Saftfasten. Und schon bald verschwanden die roten Flecken. Ich hatte mehr Energie und fühlte mich gesund.

2001 entdeckte ich Raw Food. Damals waren jedoch viele Zutaten für diese Ernährungsweise, wie etwa Chia-Samen, schwer zu bekommen. Dennoch war ich begeistert davon. Ich reiste sogar nach New York, um in Raw-Food-Restaurants zu essen, da es so etwas in Europa nicht gab. Nach sieben Jahren Raw Food fing ich langsam an, auch wieder gekochte Mahlzeiten in meinen Speiseplan aufzunehmen. Ich hatte sie vermisst, vor allem im Winter. Dennoch ernährte ich mich weiterhin rein pflanzlich.

Als ich schwanger wurde, bekam eine gesunde Ernährung eine noch größere Bedeutung für mich. Während der Schwangerschaft und Stillzeit aß ich sehr bewusst. Und von dem Moment an, an dem meine Tochter den ersten Bissen zu sich nahm, wollte ich sichergehen, dass sie das Beste bekam, was die Natur zu bieten hat. Als sie klein war, ließ ich sie Obst und Gemüse im Bioladen oder auf dem Markt aussuchen. Und sobald Früchte und Gemüse in unserem Garten reif waren, pflückte sie Beeren oder zog Karotten aus der Erde. Sie auch bei der Zubereitung unserer Mahlzeiten helfen zu lassen, war eine großartige Möglichkeit, sie an das Kochen mit natürlichen Lebensmitteln heranzuführen. Heute weigert sie sich, industriell gefertigte Lebensmittel wie etwa Chips zu essen. Sie giert nicht nach Zucker. Für sie sind Früchte die beste Süßigkeit, die es gibt.

Ich bin überzeugt, dass eine rein pflanzliche Ernährung das Beste für mich und unseren Planeten ist. Ich kaufe regionale und saisonale Lebensmittel, die biologisch angebaut und so wenig wie möglich verarbeitet sind. Ich möchte so clean wie möglich essen.

Am Tisch zu sitzen, sollte Freude machen, und Essen sollte immer köstlich schmecken. Es sollte eine Feier dessen sein, was die Natur für uns bereithält. Ich überrasche Gäste gern mit Gerichten, die aus guten Zutaten zubereitet sind. Es gibt unendlich viele Rezepte für pflanzenbasiertes Essen. Menschen in der ganzen Welt ernähren sich seit Jahrhunderten oder sogar Jahrtausenden auf diese Weise. Es gibt also viel zu entdecken.

Ich möchte mit diesem Buch zeigen, wie einfach es ist, veganes, gesundes und leckeres Essen zuzubereiten und zu genießen. Aus diesem Grund bestehen alle Gerichte aus höchstens sieben Zutaten. Alles, was du sonst noch brauchst, ist ein wenig Salz, Pfeffer und manchmal etwas Öl. Ganz gleich, ob du bereits bekennender Veganer bist oder die vegane Ernährung einfach einmal ausprobieren möchtest, ob du dich aus Gründen der Gesundheit oder des Tier- und Umweltschutzes dafür entscheidest oder einfach etwas Neues auf den Tisch zaubern möchtest – ich hoffe, dass dieses Buch dich täglich beim Kochen inspiriert.

★

START

☆

FRISCH

☆

SCHNELL

☆

HERZHAFT

☆

GÄSTE

☆

SÜSS

☆

BASICS

SMOOTHIES

Smoothies eignen sich hervorragend, um die tägliche Aufnahme von Obst und Gemüse zu steigern. Sie sind ideal für alle, die morgens nicht viel Appetit haben, und ein prima Snack für zwischendurch oder unterwegs. Mit etwas extra Flüssigkeit lassen sich besonders dickflüssige Smoothies gut verdünnen. Gib als Topping klein geschnittene Früchte, Nüsse oder etwas Müsli dazu, um sie gehaltvoller zu machen.

PURPLE POWER

Für 2–3 Portionen

☆	☆	☆	☆	☆	☆	☆
2 reife Bananen, geschält und in Stücke geschnitten	250 g Blaubeeren oder Brombeeren (frisch oder TK)	1 Handvoll Spinatblätter	Saft von ½ Zitrone	500–700 ml Mandel- oder Cashewmilch, je nach gewünschter Konsistenz	1 EL Acai-Pulver (optional)	einige Tropfen Stevia (optional)

Alle Zutaten in den Mixer geben und auf höchster Stufe glatt pürieren. In Gläser oder Schalen füllen und mit einem Topping nach Wunsch dekorieren.

ORANGE BOOST

Für 2–3 Portionen

☆	☆	☆	☆	☆	☆	☆
2 Orangen, geschält und filetiert	1 Mango, geschält, entsteint und in Stücke geschnitten	2 TL frisch geriebener Ingwer	2 TL frisch geriebene oder 1 TL gemahlene Kurkuma	1 Prise Chilipulver	500–700 ml Kokoswasser oder Wasser, je nach gewünschter Konsistenz	einige Tropfen Stevia (optional)

Alle Zutaten in den Mixer geben und auf höchster Stufe glatt pürieren. In Gläser oder Schalen füllen und mit einem Topping nach Wunsch dekorieren.

SUPER GREEN

Für 2–3 Portionen

☆	☆	☆	☆	☆	☆	☆
3 reife Birnen, geschält, vom Kerngehäuse befreit und in Stücke geschnitten	1 reife Banane, geschält und in Stücke geschnitten	½ reife Avocado, geschält, entsteint und in Stücke geschnitten	eine große Handvoll Grünkohlblätter	1 EL frische Minze, gehackt	Saft von 1 Limette	600 ml Kokoswasser

Alle Zutaten in den Mixer geben und auf höchster Stufe glatt pürieren. In Gläser oder Schalen füllen und mit einem Topping nach Wunsch dekorieren.

★ Variation
Für einen noch gesünderen Smoothie 1 EL Spirulina-Pulver oder anderes Grüngemüse zugeben.

CLASSIC RED

Für 2–3 Portionen

☆	☆	☆	☆	☆	☆
125 g Erdbeeren (frisch oder TK)	125 g Himbeeren (frisch oder TK)	2 reife Bananen, geschält und in Stücke geschnitten	500–700 ml Mandelmilch (s. S. 146), je nach gewünschter Konsistenz	½ TL gemahlene Vanille oder Vanilleextrakt	einige Tropfen Stevia (optional)

Alle Zutaten in den Mixer geben und auf höchster Stufe glatt pürieren. In Gläser oder Schalen füllen und mit einem Topping nach Wunsch dekorieren.

MEIN LIEBLINGSMÜSLI

Zum ersten Mal habe ich als Teenager in der Schweiz Müsli gegessen und mochte es überhaupt nicht. Ich fand es viel zu trocken und unappetitlich. Einige Jahre später habe ich über Max Bircher-Benner gelesen, der für seine Sanatoriumsgäste das Birchermüesli entwickelt hat. Er empfahl, das Müsli schon am Abend vorher einzuweichen, um es noch gesünder zu machen. Auch geschmacklich macht das einen großen Unterschied! Probiere verschiedene Zutaten aus, aber weiche sie immer schon am Abend vorher ein.

Ergibt 1 großes Glas (700 g)

☆	☆	☆	☆	☆	☆	☆
350 g Roggen-flocken	150 g getrocknete Cranberrys (ungesüßt)	50 g Chia-Samen	75 g Kokos-raspel	50 g Pista-zienkerne, ungeröstet und geschält	2 TL Anis-samen	150 ml Apfelsaft pro Portion

Die trockenen Zutaten mischen und in ein luftdicht verschlossenes Gefäß füllen. Dort hält sich das Müsli bis zu zwei Monate.

Zum Servieren pro Portion 50 g Müsli mit 150 ml Apfelsaft mischen, abdecken und über Nacht im Kühlschrank ziehen lassen.

★ Varianten
Cranberrys kannst du durch andere getrocknete Früchte wie zum Beispiel Rosinen, Maulbeeren oder Blaubeeren ersetzen. Anstelle von Apfelsaft kannst du auch Nuss-milch (z. B. Mandelmilch, s. S. 146) oder veganen Joghurt (s. S. 151) verwenden.

★ Extras
Gib klein geschnittenes saisonales Obst dazu. Wer möchte, kann das Müsli mit etwas Stevia süßen.

KNUSPERMÜSLI OHNE FETT

Wenn du morgens nicht viel Zeit hast, ist ein Knuspermüsli mit Früchten, Pflanzen-
milch oder veganem Joghurt (s. S. 151) genau das Richtige. Für ein nahrhaftes
und sättigendes Müsli mit einem Maximum an Energie und möglichst wenig Kalo-
rien empfiehlt es sich, bei der Zubereitung Apfel- oder Bananenmus oder andere
Fruchtpürees anstelle von Öl zu verwenden.

Für 8 Portionen

☆	☆	☆	☆	☆	☆	☆
250 g Getreide-flocken (z. B. Hafer, Roggen, Buchweizen, Quinoa oder eine Mischung)	75 g gehack-te Nüsse oder Kerne (z. B. Man-deln, Walnüs-se, Pistazien, Sonnen-blumen- oder Kürbiskerne, Kokosflakes)	1 TL Zimt und/oder ½ TL Vanille-pulver oder Vanille-extrakt (optional)	4 EL brauner Reissirup oder Ahorn-sirup	125 g Apfel-mus oder zerdrückte Banane	85 g Trocken-obst (z. B. Rosinen, Maulbeeren oder Goji-Beeren)	getrocknete Blütenblätter (optional)

Den Backofen auf 160 °C (Gas Stufe 3) vorheizen. Ein Backblech mit Backpapier
auslegen.

Die Getreideflocken, Nüsse oder Kerne sowie Zimt und/oder Vanille in einer
großen Schüssel mit etwas Salz mischen. Reissirup sowie Apfelmus zugeben und
gut vermengen. Die Mischung gleichmäßig auf dem Backblech verteilen und
20 Minuten backen.

Das Backblech aus dem Ofen nehmen und das Müsli gut durchmischen, damit
sich keine großen Klumpen bilden. Weitere 20 Minuten goldbraun backen, ggf.
noch einmal durchmischen. Aus dem Ofen nehmen und auskühlen lassen.

Trockenobst und nach Wunsch getrocknete Blütenblätter untermischen. In ein
luftdicht verschlossenes Gefäß füllen. Dort hält es sich ca. einen Monat.

FRÜHSTÜCKSRIEGEL

Das ideale Frühstück für unterwegs, wenn du morgens mal spät dran bist. Meine Tochter isst die Riegel sehr gern zum Frühstück. Ich gebe sie ihr auch manchmal als kleine Nascherei zwischendurch. Mit ihren wertvollen Zutaten und dem leckeren Geschmack sind sie auch ein toller Mittagssnack.

Für 24 Stück

☆	☆	☆	☆	☆	☆	☆
125 g Getreideflocken	75 g Quinoa, gepufft	125 g getrocknete Cranberrys oder anderes Trockenobst	125 g Pistazienkerne (oder andere Nüsse oder Kerne), ungeröstet und geschält	240 g Mandelmus oder Tahina	120 ml brauner Reissirup oder Ahornsirup	2 TL Zimt

Die Getreideflocken unter Rühren bei mittlerer Hitze ca. 5 Minuten in einer Pfanne rösten. In eine Schüssel füllen, Quinoa, Cranberrys und Pistazienkerne zugeben und alles gut mischen.

Mandelmus, Reissirup, Zimt und etwas Salz 1 ½ Minuten in einem Topf bei niedriger Temperatur erhitzen, dabei gut umrühren, damit die Masse nicht anbrennt.

Die Mandel-Reissirup-Mischung mit den trockenen Zutaten gründlich verrühren, damit sich alles gut vermischt. Ein Backblech mit fettdichtem Backpapier auslegen. Die Mischung auf dem Backblech verteilen, glatt streichen und leicht andrücken. Mindestens 30 Minuten in den Gefrierschrank stellen.

Die gefrorene Masse in Riegel schneiden. Sie halten sich im Kühlschrank zwei Wochen, im Gefrierschrank ca. drei Monate.

★ Variante
Gib 2 TL frisch gehackten Rosmarin zu den trockenen Zutaten.

HIRSE-PORRIDGE
MIT RHABARBERKOMPOTT

Hirse ist ein uraltes glutenfreies Getreide. Je nachdem, wie viel Flüssigkeit man zugibt und wie lang man rührt, kann man sie zu einem cremigen Brei oder zu einer trockeneren Konsistenz, ähnlich Couscous, verarbeiten. Hirse schmeckt leicht nussig und passt perfekt zu Rhabarberkompott aus dem Ofen, wie ich von den Foodbloggern Susann Probst und Yannic Schon (www.kraut-kopf.de) erfahren habe. Am besten schmeckt das Hirse-Porridge morgens im Winter, wenn du etwas Sättigendes brauchst. Wer es süßer mag, gibt mehr Ahornsirup oder Reissirup hinzu.

Für 2 Portionen

☆	☆	☆	☆	☆	☆
200 g Hirse, gewaschen und abgetropft	5–6 Stangen Rhabarber	Saft und Abrieb von 1 Bio-Orange	3 EL brauner Reissirup oder Ahorn-sirup	1 l Mandel-milch (s. S. 146)	35 g Mandeln, grob gehackt

Die Hirse über Nacht einweichen. Das Einweichwasser wegschütten, die Hirse anschließend abspülen.

Den Backofen auf 190 °C (Gas Stufe 5) vorheizen.

Den Rhabarber schälen und in 4–5 cm lange Stücke schneiden. Mit Orangensaft und -abrieb, Reissirup und etwas Pfeffer in einer Schüssel mischen. In eine feuerfeste Form geben. Mit Alufolie oder leicht feuchtem Butterbrotpapier bedecken und 15 Minuten im Ofen rösten. Folie oder Papier entfernen und weitere 5–10 Minuten rösten, bis der Rhabarber weich ist, aber seine Form behält.

In der Zwischenzeit für das Porridge Hirse und Mandelmilch in einem Topf bei mittlerer Hitze unter Rühren aufkochen. Die Hitze reduzieren und 12–13 Minuten bei niedriger Temperatur unter Rühren weich und cremig köcheln lassen (25 Minuten, wenn die Hirse über Nacht nicht eingeweicht war).

Zum Servieren etwas Porridge in eine Schale geben, 2 EL Rhabarberkompott zugeben und gehackte Mandeln darüberstreuen.

★ Tipp
Übrig gebliebenes Rhabarberkompott schmeckt toll zu Müsli und veganem Joghurt (s. S. 151) als Dessert und passt auch gut zu Pancakes.

JAPANISCHES PORRIDGE

Im Sommer mag ich am liebsten ein süßes und frisches Frühstück – Smoothies oder Müsli mit frischem Obst. Im Winter jedoch bevorzuge ich warme und herzhafte Gerichte. Als Kind habe ich am Morgen oft Miso-Suppe gegessen. Warum also nicht das morgendliche Porridge mit Miso zubereiten? Eine Prise Gomashio (Sesamsalz) gibt dem Ganzen einen noch etwas japanischeren Touch. Ein großartiger Start in den Tag.

Für 2 Portionen

☆	☆	☆	☆	☆	☆	☆
100 g Gerstenflocken (alternativ Roggen-, Quinoa- oder Haferflocken)	150 g Sesamsamen (braune und schwarze gemischt)	1 reife Avocado	1 EL mildes Miso (z.B. Shiro Miso), in 3 TL Wasser glatt gerührt	1 Handvoll Sprossen (Rettich oder Erbsen)	2 Frühlingszwiebeln, in Ringe geschnitten	1 Prise Gomashio (Sesamsalz)

Für das Porridge die Flocken mit 500 ml Wasser in einem Topf aufkochen. Bei niedriger Temperatur 15 Minuten weich köcheln lassen.

In der Zwischenzeit die Sesamsaat waschen und in einem feinen Sieb abtropfen lassen. In einer gusseisernen Pfanne oder einer Pfanne mit dickem Boden bei mittlerer Hitze unter Rühren 5–8 Minuten hellbraun und duftend rösten. Die Pfanne nicht aus dem Auge lassen, die Sesamsaat verbrennt leicht. Auskühlen lassen. Mit 2 TL Salz im Mörser oder in der Küchenmaschine mahlen.

Die Avocado halbieren, entsteinen, schälen und in Scheiben schneiden. Das fertige Porridge vom Herd nehmen und das Miso einrühren.

Das Porridge auf zwei Schalen verteilen. Avocado, Sprossen und Frühlingszwiebeln daraufgeben und mit einer Prise Gomashio würzen.

★ Tipp
Gomashio schmeckt auch hervorragend zu Salaten, gedämpftem Gemüse und allen Getreidegerichten.

VEGANES KUKU SABZI

Kuku ist ein iranisches Gericht, ähnlich einem Omelett. Häufig wird es mit zahlreichen verschiedenen Kräutern zubereitet, dann heißt es Kuku Sabzi. Anstatt mit Eiern kann man Kuku Sabzi hervorragend mit Kichererbsenmehl zubereiten. Ein leckerer und wunderbar grüner Start in den Tag.

Für 4 Portionen

☆	☆	☆	☆	☆	☆	☆
100 g Kicher-erbsenmehl	1 Bund frische Petersilie, gehackt	1 Bund frischer Koriander, gehackt	½ Bund frischer Dill, gehackt	4 Frühlings-zwiebeln, in Ringe geschnitten	100 g Wal-nusskerne, gehackt	Veganer Joghurt oder scharfe Soße zum Servieren

Das Kichererbsenmehl in einer Schüssel mit 160 ml Wasser glatt rühren. Die Kräuter, Frühlingszwiebeln, Walnusskerne und ¼ TL Salz zugeben und umrühren.

Eine beschichtete Pfanne bei hoher Temperatur erhitzen, ggf. ein wenig Olivenöl oder Kokosöl in die Pfanne geben. Ein Viertel des Teigs in die Pfanne geben, gleichmäßig verteilen und ca. 2 Minuten braten. Wenn die Oberfläche trocken ist, wenden und auf der anderen Seite 2 Minuten braten.

Das „Omelette" auf einen Teller geben und warm halten. Den restlichen Teig genauso verarbeiten. Mit veganem Johurt (s. S. 151) oder scharfer Soße (z. B. Ajvar, s. S. 163) servieren.

PIKANTE MUFFINS OHNE EI

Diese herzhaften Gemüsemuffins sind ideal für einen Brunch, ein Picknick oder für die Lunchbox. Und dabei sind sie schnell gemacht. Einfach Gemüse in den Teig geben und backen. Diese hier sind mit Austernpilzen und Spinat zubereitet. Sie schmecken jedoch auch mit anderem gekochtem Gemüse wie etwa Tomaten, Bohnen oder Brokkoli.

Für 9 Stück

☆	☆	☆	☆	☆	☆
400 g Seidentofu, abgetropft	50 g Kichererbsenmehl	¼ TL gemahlene Kurkuma (optional)	1 mittelgroße rote Zwiebel, gehackt	250 g Pilze (z. B. Austernseitlinge), geputzt und grob gehackt	1 Handvoll Gemüse (z. B. Spinat oder Grünkohl)

Den Backofen auf 180 °C (Gas Stufe 4) vorheizen.

Tofu, Kichererbsenmehl, Kurkuma und ¼ TL Salz in der Küchenmaschine zu einem glatten Teig verarbeiten.

2 TL Wasser in einem Topf bei mittlerer Temperatur erhitzen. Zwiebeln zufügen und goldbraun braten, ggf. etwas Wasser zufügen, damit sie nicht anbrennen. Die Pilze zufügen und garen. Das Gemüse zufügen und zusammenfallen lassen. Mit Salz und frisch gemahlenem schwarzem Pfeffer würzen. Beiseitestellen.

Die Pilz-Gemüse-Mischung mit dem Teig vermengen. Die Masse in Muffinformen (beschichtet oder aus Silikon) füllen und 25 Minuten hellbraun backen.

10 Minuten abkühlen lassen und warm oder kalt genießen. Die Muffins halten sich im Kühlschrank drei bis vier Tage.

BROTLASAGNE
MIT MANDEL-CUSTARD

In Frankreich, wo ich einige Zeit des Jahres lebe, wird Brot immer frisch gegessen, da es keine Zusatzstoffe enthält. Da meist etwas übrig bleibt, habe ich oft Reste. Das altbackene Brot kann man prima zu Armen Rittern oder dem typisch englischen Brotpudding verarbeiten. Oder man macht daraus eine leckere Brotlasagne. Ein perfektes Wochenendfrühstück.

Für 4–6 Portionen

☆	☆	☆	☆	☆	☆	☆
6 Scheiben Vollkornbrot (z. B. Dinkel)	750 ml Mandelmilch (s. S. 146)	120 ml brauner Reissirup oder Ahornsirup	1 TL Zimt oder gemahlener Kardamom	1 TL Vanillepulver oder Vanilleextrakt	2 EL Pfeilwurzmehl oder Maisstärke	750 g gemischte Beeren

Den Backofen auf 180 °C (Gas Stufe 4) vorheizen. Das Brot in kleine Stücke schneiden.

Für den Custard Mandelmilch, Reissirup, Zimt und Vanille in einem Topf aufkochen. Die Hitze etwas reduzieren. Pfeilwurzmehl mit 6 EL kaltem Wasser glatt rühren, in die Mandelmilch-Mischung geben und rühren, bis der Custard eindickt. Vom Herd nehmen.

Den Boden einer Auflaufform (ca. 18 x 26 x 5 cm) mit 250 ml Custard bedecken. Die Hälfte der Brotstücke auf dem Custard verteilen. Weitere 250 ml Custard auf das Brot geben. Die Hälfte der Früchte darauf verteilen. Die andere Hälfte der Brotstücke darauflegen und als letzte Schicht den restlichen Custard darübergießen. 20–25 Minuten backen, bis das Brot goldbraun ist und das Obst köchelt. Aus dem Backofen nehmen, mit den restlichen Früchten dekorieren und servieren.

★ Tipp
Zu der Brotlasagne passt veganer Joghurt (s. S. 151) oder die süße Cashew-Creme (s. S. 150).

CHIA-KONFITÜRE

Frisches Obst ist genau das Richtige für selbst gemachte Konfitüre. Chia-Samen machen die Konfitüre nicht nur gesünder, sie sind auch lecker. Zerdrücke die Früchte vor dem Kochen mit einer Gabel, dann wird die Konfitüre geschmeidiger.

MIT APRIKOSEN, MANDELN & VANILLE

Für 1 Glas (500 ml)

☆	☆	☆	☆	☆	☆
500 g Aprikosen, entsteint	Saft von ½ Zitrone	60 ml brauner Reis- oder Ahornsirup	Mark von ½ Vanilleschote	100 g blanchierte Mandeln	2–3 EL Chia-Samen

Die Aprikosen klein schneiden. In einem Topf mit Zitronensaft, Reissirup, Vanillemark und 4 EL Wasser aufkochen und 5–8 Minuten bei geringer Hitze köcheln lassen.

Vom Herd nehmen. Die Mandeln hacken und mit 2 ½ EL Chia-Samen zu der Aprikosen-Masse geben. 5 Minuten ruhen lassen, damit die Chia-Samen quellen können. Für eine festere Konsistenz ggf. mehr Chia-Samen zugeben. Auskühlen lassen.

Die Konfitüre in ein sterilisiertes Glas füllen und mit einem Deckel verschließen. Sie hält sich geöffnet zwei Wochen im Kühlschrank oder drei Monate im Gefrierschrank.

MIT BROMBEEREN, PFLAUMEN & SCHWARZEM PFEFFER

Für 1 Glas (500 ml)

☆	☆	☆	☆	☆
250 g Pflaumen, entsteint	250 g Brombeeren	Saft von ½ Zitrone	60 ml Ahornsirup	2–3 EL Chia-Samen

Die Pflaumen klein schneiden. In einem Topf mit Brombeeren, Zitronensaft, Ahornsirup und 2 EL Wasser aufkochen. Mit frisch gemahlenem schwarzem Pfeffer würzen. 5–8 Minuten bei geringer Hitze köcheln lassen. Vom Herd nehmen.

2 ½ EL Chia-Samen zugeben und 5–10 Minuten ruhen lassen, damit die Masse eindickt. Für eine festere Konsistenz ggf. mehr Chia-Samen zugeben. Auskühlen lassen.

Die Konfitüre in ein sterilisiertes Glas füllen und mit einem Deckel verschließen. Im Kühlschrank aufbewahren.

FRUCHTTÖRTCHEN

Wenn du morgens mal etwas mehr Zeit für ein besonderes Frühstück hast, probiere doch mal diese Haferflocken-Bananen-Törtchen mit Früchten. Sie sehen nicht nur toll aus, sondern sind auch ein echter Gaumenschmaus – und dazu noch ganz einfach in der Zubereitung.

Für 10 Stück

☆	☆	☆	☆	☆	☆
2 Bananen, geschält und in Stücke geschnitten	4 Medjool-Datteln	1 TL Vanilleextrakt	200 g zarte Haferflocken	Frisches Obst (z. B. Kiwi, Beeren, Aprikosen, Mango)	300 ml veganer Joghurt (s. S. 151)

Den Backofen auf 180 °C (Gas Stufe 4) vorheizen.

Bananen, Datteln und Vanilleextrakt mit einer Prise Salz im Mixer pürieren. In einer großen Schüssel mit den Haferflocken gut vermengen.

Je 1 ½ EL der Haferflocken-Mischung in Muffinformen füllen und mit dem Daumen in der Mitte eine kleine Vertiefung formen. Die Törtchen 18–20 Minuten goldbraun backen. Aus dem Ofen nehmen und auskühlen lassen.

Die Törtchen aus den Formen nehmen. Die Früchte ggf. schälen und klein schneiden. Je 1 ½ EL Joghurt in die Vertiefung der Törtchen füllen und die Früchte daraufgeben.

TOFU-SCRAMBLE

Wenn du morgens etwas Herzhaftes zum Frühstück brauchst, ist der Tofu-Scramble genau die richtige Wahl. Ich verwende normalerweise keinen Fleisch- oder Milchersatz, aber manchmal experimentiere ich gern mit Bio-Tofu. Für den rühreiähnlichen Geschmack sorgt in diesem Rezept Kala Namak, ein schwarzes Salz, das aus Indien stammt und einen charakteristischen schwefligen Geruch hat.

Für 2 Portionen

☆	☆	☆	☆	☆	☆
250 g schnittfester Tofu	1 kleine Zwiebel, fein gehackt	100 g Brunnenkresse oder anderes grünes Gemüse (z. B. Spinat oder Grünkohl, klein geschnitten)	1 Prise gemahlene Kurkuma	1 Prise Chilipulver	1 Prise Kala Namak (Schwarzsalz)

Den Tofu abtropfen lassen und in Küchenpapier einwickeln, um die überschüssige Flüssigkeit herauszuziehen.

Die Zwiebeln in einer beschichteten Keramikpfanne mit etwas Wasser bei mittlerer Hitze 3–4 Minuten weich und goldbraun dünsten. Die Hitze reduzieren, ggf. etwas mehr Wasser zufügen, damit sie nicht anbrennen.

In der Zwischenzeit den Tofu in einer Schüssel mit einer Gabel oder im Mixer grob zerbröseln. Die Tofustücke mit Brunnenkresse, Kurkuma, Chilipulver und Kala Namak zu den Zwiebeln geben. 3–4 EL Wasser zufügen und bei mittlerer Hitze köcheln lassen, bis die Brunnenkresse zusammengefallen ist. Mit Salz und frisch gemahlenem schwarzem Pfeffer abschmecken und servieren.

★ Serviervorschlag
Mit Toast, Kartoffeln oder Vollkornbrot servieren. Für die besondere Würze sorgt beispielsweise die asiatische Sweet-and-Spicy-Soße (s. S. 163).

FRÜHSTÜCKS-TACOS

Nüsse werden vor allem beim Raw Food gern als Fleischersatz verwendet, denn gewürzt haben sie einen ähnlichen Geschmack. Am besten weicht man die Nüsse über Nacht ein, damit sie die Aromen besser aufnehmen. Neben der Taco-Variante mit nordafrikanischen Gewürzen gibt es noch eine mexikanische.

Für 4 Portionen

☆	☆	☆	☆	☆	☆	☆
2 mittelgroße Zwiebeln, gehackt	200 g Walnusskerne, mindestens 2 Stunden eingeweicht	70 g getrocknete Tomaten, mindestens 1 Stunde in heißem Wasser eingeweicht	3 TL Ras el-Hanout	Gedämpftes Gemüse (als Beilage)	Zitronen-Tahina-Dressing (s. S. 160)	4–6 Salatblätter (zum Anrichten)

Die Zwiebeln mit etwas Wasser oder Öl in einer beschichteten Pfanne bei mittlerer Hitze ca. 5 Minuten glasig dünsten.

Walnusskerne und Tomaten abtropfen lassen. Die Tomaten grob hacken und zusammen mit den Nüssen, Zwiebeln und dem Ras el-Hanout im Mixer grob pürieren. Mit Salz abschmecken.

Das „Fleisch" in einem Topf bei mittlerer Hitze erwärmen oder bei Zimmertemperatur servieren. Je etwas „Fleisch" mit dem gedämpften Gemüse und Zitronen-Tahina-Dressing z. B. in einem Radicchioblatt anrichten.

★ Variante
Für die mexikanische Variante anstatt Ras el-Hanout eine mexikanische Gewürzmischung verwenden. Das „Fleisch" in einem Rotkohlblatt oder einer Tortilla mit Avocado, Eisbergsalat und nach Wunsch Jalapeñas servieren.

★ Tipp
Wer möchte, kann 1 TL Knoblauchgranulat zu den übrigen Zutaten in den Mixer geben. Im Sommer serviere ich das Gericht gern mit reifen Tomaten.

☆

START

★

FRISCH

☆

SCHNELL

☆

HERZHAFT

☆

GÄSTE

☆

SÜSS

☆

BASICS

ROTE-BETE-ZAZIKI

Ich finde die Farbe von Roter Bete großartig. Der erdige Geschmack ist zwar nicht jedermanns Sache, aber so cremig zubereitet wie in diesem Rezept wird aus Roter Bete eine köstliche Vorspeise.

Für 4–6 Portionen

☆	☆	☆	☆	☆
500 g Rote Bete	180 g veganer Joghurt (s. S. 151)	2 Knoblauchzehen, fein gehackt	1 TL Bio-Orangen- oder Bio-Zitronenabrieb	2 EL frische Minze, gehackt

Die Rote Bete in einen Topf geben, mit Wasser bedecken und bei mittlerer Hitze 40–45 Minuten garen, sodass man leicht ein Messer hineinstechen kann. Abschütten und auskühlen lassen, anschließend schälen.

Die Rote Bete grob reiben und in eine große Schüssel geben. Mit Joghurt, Knoblauch, Orangenabrieb und ½ TL Salz mischen. Vor dem Servieren mit der Minze bestreuen.

SONNENBLUMEN-PASTE

Fülle kleine Paprika mit dieser Paste oder serviere sie als Dip zu Rohkost. Auf ein Nori-Blatt gestrichen dient sie als Alternative zum Reis beim Sushi.

Für 450 ml Paste

☆	☆	☆	☆	☆	☆	☆
150 g Sonnenblumenkerne, über Nacht eingeweicht	2 Stangensellerie, klein geschnitten	2 Knoblauchzehen, zerdrückt	3 TL getrockneter Oregano	1 EL weißes Miso	Saft von 1 Zitrone	1 Bund Schnittlauch (ca. 20 g), fein gehackt

Alle Zutaten bis auf den Schnittlauch im Mixer glatt pürieren. Mit Salz und Pfeffer würzen. In eine Schüssel füllen und den Schnittlauch unterrühren. Abgedeckt im Kühlschrank aufbewahren.

ERBSENSUPPE
MIT GERÖSTETEN RADIESCHEN

Zum ersten Mal habe ich Erbsensuppe gekocht, als einmal unerwartet Gäste kamen und ich nur eine große Tüte Erbsen und ein paar Reste vom Vortag zu Hause hatte. Meine Gäste waren erstaunt, dass man aus so wenigen Zutaten solch eine gesunde und köstlich schmeckende Suppe zubereiten kann. Für dieses Rezept verfeinere ich die Suppe mit gerösteten Radieschen.

Für 4 Portionen

☆	☆	☆	☆	☆	☆	☆
200 g Radieschen, geputzt und geviertelt	1 l Gemüse- brühe (s. S. 155) oder Wasser	1 Bund Früh- lingszwiebeln, in Ringe geschnitten	600 g Erbsen (TK)	150 g Spinat- blätter, zerpflückt (alternativ Spinat, Sauer- ampfer und Brennnesseln mischen)	Frischer Kerbel, gehackt (optional)	Pikante Cashew- Creme (s. S. 150; optional)

Den Backofen auf 180 °C (Gas Stufe 4) vorheizen. Ein Backblech mit fettdichtem Backpapier auslegen.

Die Radieschen in einer Schüssel mit etwas Brühe, einer Prise Salz und frisch gemahlenem schwarzem Pfeffer mischen. Auf dem Backblech verteilen und 15–20 Minuten backen, dabei alle 5 Minuten wenden. Die fertigen Radieschen sollten innen noch etwas fest sein und eine schöne rosa Farbe haben.

Für die Suppe die Frühlingszwiebeln bis auf 2 EL in einem Topf mit etwas Wasser bei mittlerer Hitze 5–10 Minuten weich dünsten. Die restliche Brühe zugeben und aufkochen. Erbsen, Spinatblätter, 1 ½ TL Salz und eine Prise frisch gemahlenen schwarzen Pfeffer zugeben. Die Hitze reduzieren und 2–3 Minuten köcheln lassen. Den Topf vom Herd nehmen. Die Suppe mit dem Stabmixer pürieren und nach Wunsch abschmecken.

Zum Servieren die gerösteten Radieschen, die restlichen Frühlingszwiebeln und Kerbel darüberstreuen. Nach Wunsch etwas Cashew-Creme dazu reichen.

MAISSUPPE MIT SALSA VON GRÜNEN TOMATEN

Wenn der Mais reif ist, isst meine Tochter fast jeden Tag die süßen Körner. Zur Abwechslung bereite ich dann gern eine Maissuppe zu, die durch die Salsa von grünen Tomaten den richtigen Kick bekommt. Achte darauf, dass du Bio-Mais verwendest, herkömmlicher Mais ist meist gespritzt, gentechnisch verändert und hybridisiert.

Für 4 Portionen

☆	☆	☆	☆	☆	☆	☆
3–4 Maiskolben (450 g Maiskörner)	3 Frühlingszwiebeln, in feine Ringe geschnitten, grüne und weiße Teile getrennt	2 Knoblauchzehen, zerdrückt	1 nicht allzu reife Avocado	3 mittelgroße grüne Tomaten, entkernt und in kleine Würfel geschnitten	1 frische Jalapeño, fein gehackt	Saft von ½ Limette

Die Blätter und Haare vom Maiskolben entfernen. Die Maiskörner mit einem Messer ablösen. Beiseitestellen.

Einen Topf bei mittlerer Temperatur erhitzen. Die weißen Teile der Frühlingszwiebeln mit etwas Wasser darin glasig dünsten, ggf. etwas mehr Wasser zugeben. Den Knoblauch zufügen und 1 Minute unter Rühren andünsten. Die Maiskörner und 750 ml Wasser zugeben. Bei geschlossenem Deckel aufkochen, dann die Hitze reduzieren und den Mais 8–10 Minuten weich köcheln lassen.

Die Suppe mit dem Stabmixer fein pürieren. Mit Salz und frisch gemahlenem schwarzem Pfeffer abschmecken. Bei niedriger Temperatur auf dem Herd warm halten.

Für die Salsa die Avocado schälen, halbieren und entsteinen. Das Fruchtfleisch fein würfeln und in einer kleinen Schüssel mit den grünen Teilen der Frühlingszwiebel, den Tomaten, der Jalapeño, Limettensaft und etwas Salz mischen. Die Suppe portionsweise in Schalen füllen und jeweils mit 2 EL Salsa servieren.

★ Tipps
Anstelle von grünen Tomaten kannst du auch normale rote Tomaten, 10–12 Tomatillos oder eine halbe Gurke verwenden. Die Gurke dazu schälen, von Samen befreien und fein würfeln. Anstatt frischer Jalapeño kannst du auch 1–2 EL geschnittene Jalapeño aus dem Glas verwenden.

GEBRATENER TEMPEH IM SALATBLATT

Tempeh ist ein häufig verwendeter Fleischersatz. Er stammt aus Indonesien und wird durch Fermentation aus Sojabohnen hergestellt. Er ist häufig Bestandteil der Indonesischen Reistafel – einem Festmahl, das aus einer Vielzahl kleiner Gerichte besteht. Sie wurde von den niederländischen Kolonialherren erfunden, um verschiedene indonesische Gerichte gleichzeitig essen zu können.

Für 4–6 Portionen als Vorspeise

☆	☆	☆	☆	☆	☆
300 g Tempeh, klein geschnitten oder grob gerieben	1 daumengroßes Stück Ingwer, fein gerieben	5 EL Tamari oder Nama Shoyu	1 EL Kokosnusssirup oder Kokosblütenzucker	2 TL brauner Reisessig oder Zitronensaft	12 Little-Gem-Blätter (römischer Kopfsalat)

Tempeh mit etwas Wasser in einer beschichteten Keramikpfanne bei mittlerer bis hoher Temperatur unter Rühren 4–5 Minuten anbraten.

Ingwer, Tamari, Kokosnusssirup und Reisessig mit 5 EL Wasser in einer kleinen Schüssel mischen. Die Mischung unter den Tempeh rühren. 3–4 Minuten unter Rühren köcheln, dann 2 Minuten abkühlen lassen.
Die Salatblätter waschen, auf einem Teller anrichten und mit Tempeh füllen. Nach Wunsch mit Soßen oder Beilagen (siehe Tipp) servieren.

★ Tipp
Zu diesem Gericht passen würzige Soßen wie die asiatische Sweet-and-Spicy-Soße (s. S. 163) oder fein geschnittene frische Chilischoten besonders gut. Auch Gewürzgurken oder Salatgurke, Sesamsamen oder dünne Frühlingszwiebelringe harmonieren hervorragend damit.

SALAT AUS FENCHEL, BRUNNENKRESSE, AVOCADO & ORANGE

Schön angerichtete Salate sind meine Lieblingsvorspeise. Leicht und köstlich, regen sie den Appetit für die Hauptspeise an. Dieser Salat ist perfekt für eine sommerliche Tafel mit Freunden im Garten.

Für 4 Portionen

☆	☆	☆	☆	☆
2 Fenchel-knollen	2 Orangen	2 feste Avocados	1 TL Koriander-samen	150 g Brunnen-kresse

Den Fenchel putzen, das Grün entfernen und beiseitestellen. Die Knollen mit einem Gemüsehobel in dünne Scheiben schneiden. Eine halbe Orange auspressen, den Saft mit einer Prise Salz und frisch gemahlenem schwarzem Pfeffer mischen und den Fenchel darin 5–10 Minuten marinieren.

Die Avocados halbieren, entsteinen und schälen. Die Hälften jeweils längs in Spalten schneiden. Die Spalten in einer Grillpfanne bei mittlerer bis hoher Temperatur 3 Minuten braten, nach der Hälfte der Zeit wenden. Beiseitestellen.
Die Koriandersamen in einer Pfanne bei niedriger Temperatur 1 Minute rösten. In einem Mörser mahlen. Die restlichen Orangen schälen und filetieren.

Den Fenchel aus der Marinade nehmen. Die Marinade für das Dressing mit 2 EL nativem Olivenöl verrühren. Mit Salz und frisch gemahlenem schwarzem Pfeffer abschmecken.

Brunnenkresse, Fenchelscheiben, Orangen, Avocadoscheiben auf einem Teller anrichten. Mit den gemahlenen Koriandersamen und dem Fenchelgrün bestreuen. Das Dressing darüberträufeln. Sofort servieren.

SALAT AUS TOMATE, ESTRAGON, NEKTARINE & MEERRETTICH

Dieser Salat vereint die feinsten Sommeraromen auf dem Teller. Das Dressing basiert auf der pikanten Cashew-Creme (s. S. 150), die durch den Meerrettich einen besonderen Twist bekommt. Anstelle der Cashew-Creme kannst du auch veganen Joghurt (s. S. 151) verwenden oder Seidentofu, den du im Mixer mit 1 EL Zitronensaft und etwas Salz pürierst.

Für 4 Portionen

☆	☆	☆	☆	☆	☆	☆
4 Tomaten unterschiedlicher Farbe	4 Nektarinen	½ Salatgurke	2 TL weißer Balsamessig	500 ml pikante Cashew-Creme (s. S. 150)	1 TL frisch geriebener Meerrettich	1 Bund Estragon

Tomaten vom Stielansatz befreien und in Achtel schneiden. Nektarinen halbieren, entkernen und ebenfalls achteln. Gurke (mit Schale) längs halbieren, entkernen und in dünne Scheiben schneiden. Tomaten, Nektarinen und Gurken in einer großen Schüssel mit Balsamessig, einer Prise Salz und frisch gemahlenem schwarzem Pfeffer mischen.

Für das Dressing die Cashew-Creme in einer kleinen Schüssel mit dem Meerrettich, Salz und frisch gemahlenem schwarzem Pfeffer mischen.

Einige Kleckse Dressing auf große Teller geben und den Salat darauf anrichten. Estragonblätter abzupfen und darüberstreuen.

ZUCCHININUDELSALAT

Im Sommer genieße ich den Luxus, durch meinen Garten zu laufen und frische Zutaten für das Abendessen zu ernten. Junge Zucchini lassen sich in köstliche „Nudeln" verwandeln. Der vegane „Parmesan" bringt die salzige Note in dieses Rezept. Du kannst ihn auch für andere Gerichte wie beispielsweise Pasta verwenden. Bereite gleich ein wenig mehr davon zu, er hält nie lange!

Für 2 Portionen als Hauptspeise oder 4 Portionen als Vorspeise

☆	☆	☆	☆	☆	☆	☆
35 g Pinienkerne	½ TL Knoblauchpulver (optional)	10 g Nährhefe	2 mittelgroße Zucchini, geputzt	4–5 Zweige Thymian	90 g Himbeeren	150 g gemischte junge Salatblätter

Pinienkerne, Knoblauchpulver und Nährhefe mit ½ TL Meersalz in der Küchenmaschine verarbeiten, bis eine parmesanähnliche Konsistenz erreicht ist. In ein Gefäß füllen und luftdicht verschließen.

Die Zucchini mithilfe eines Gemüsehobels, einem Spiralschneider oder einem Gemüseschäler in lange dünne Streifen schneiden.

Für das Dressing die Thymianblätter abzupfen. 30 g Himbeeren mit einer Gabel zerdrücken und mit 4 EL nativem Olivenöl mischen. Thymian hinzufügen und mit einer Prise Salz und frisch gemahlenem schwarzem Pfeffer würzen.

Die Salatblätter waschen. Zusammen mit den Zucchininudeln mit dem Dressing mischen. 4–5 EL Pinienkern-„Parmesan" darüberstreuen und mit den restlichen Himbeeren servieren.

★ Variante
Anstatt Pinienkernen kannst du auch zu gleichen Teilen Cashewkerne und Sonnenblumenkerne verwenden.

RADICCHIO MIT GEGRILLTEN FEIGEN & NUSSBÄLLCHEN

Radicchio ist ein Salat mit herrlich roten Blättern und bitterem Geschmack. Salzige und süße Aromen sowie ein cremiges Dressing gleichen die Bitteraromen jedoch wunderbar aus. Ein herbstlicher Salat, von dem man nicht genug bekommen kann.

Für 4 Portionen

☆	☆	☆	☆	☆	☆	☆
180 g Mandel-„Quark" (s. S. 147) oder veganer Doppelrahmfrischkäse	1 Knoblauchzehe, fein gehackt	100 g Walnusskerne, sehr fein gehackt	2 EL weißer Balsamessig	8 reife Feigen, halbiert	1 Radicchio, gewaschen, in Streifen geschnitten	75 g Rucola

Mandel-„Quark" mit Knoblauch, Salz und frisch gemahlenem schwarzem Pfeffer in einer Schüssel mischen.

Die gehackten Walnusskerne auf einem Teller verteilen. Immer 1 TL der Mandel-„Quark"-Mischung mit leicht feuchten Händen zu einer Kugel formen und in den Walnusskernen wälzen. Die Nussbällchen beiseitestellen. Du kannst sie auch vorbereiten und bis zum Servieren abgedeckt im Kühlschrank aufbewahren.

Für das Dressing Balsamessig mit 4 EL Olivenöl mischen. Mit Salz und frisch gemahlenem schwarzem Pfeffer würzen.

Eine Grillpfanne bei hoher Temperatur vorheizen. Die Feigenhälften leicht mit etwas Öl einreiben und mit der Schnittfläche in die heiße Pfanne geben. Die Feigen nach etwa 30 Sekunden oder sobald sich Grillstreifen gebildet haben wenden. Mit einer Grillzange aus der Pfanne heben und beiseitestellen.

Radicchio und Rucola auf einem Teller anrichten. Die Nussbällchen und die Feigen darauflegen und mit Dressing beträufeln.

★ Variante
Für einen Salat ohne Öl die Feigen vor dem Braten anstelle von Öl mit Ahornsirup einreiben und beim Dressing das Olivenöl weglassen.

ACKERBOHNENSALAT MIT FREEKEH

Salate sind perfekt an heißen Tagen. Mit Bohnen oder Körnern kann man daraus jedoch auch ein sättigendes Hauptgericht zaubern. In diesem Rezept verwende ich Freekeh, das ist grün geernteter und gerösteter Weizen, der seinen Ursprung im arabischen Raum hat. Freekeh sieht ähnlich aus wie Bulgur und hat einen nussigen Geschmack. Dieses Rezept ist eine gute Alternative zum Couscous-Salat.

Für 2 Portionen als Hauptspeise oder 4 Portionen als Vorspeise

☆	☆	☆	☆	☆	☆	☆
100 g Freekeh oder Bulgur	2 kg Acker-bohnen in der Schote oder 500 g Ackerboh-nen, geschält	2 Zitronen	1 großer Bund Minze	150 g Salat-blätter (z. B. Rucola, Baby-spinat oder Feldsalat), gewaschen	100 g Mandeln, gehackt	Saft von ½ Limette

Freekeh nach Packungsanleitung kochen. Wenn nötig abgießen, in eine große Schüssel füllen und leicht abkühlen lassen.

In einem Topf 1 l Wasser ohne Salz zum Kochen bringen. Die Bohnen zugeben und 5–7 Minuten köcheln lassen; sehr kleine Bohnen brauchen nur 3–4 Minuten. Abgießen und mit kaltem Wasser abschrecken. Mit dem Freekeh mischen, mit Salz würzen und beiseitestellen.

Die Zitronen halbieren und in einer Grillpfanne oder einer Keramikpfanne 4–5 Minuten braten.

Ackerbohnen-Freekeh-Mischung mit Minze, Salat, Mandeln und Limettensaft vermengen. Mit Salz und Pfeffer würzen, nach Wunsch 3–4 EL Olivenöl darübergeben. Mit einem Stück Zitrone zum Beträufeln servieren.

★ Variante

Anstelle von Olivenöl kannst du auch das Zitronen-Tahina-Dressing (s. S. 160) verwenden. Für einen glutenfreien Salat Freekeh durch Quinoa ersetzen.

GEFÜLLTE ZUCCHINIBLÜTEN

Zucchini lassen sich im Garten besonders einfach anbauen. Zur Erntezeit im Sommer bringen die Pflanzen mehr Früchte hervor, als man essen kann. Auch die Zucchiniblüten sind essbar. Man bekommt sie im Sommer oft auf dem Markt oder im Gemüseladen. Meist werden die Blüten gefüllt und frittiert, aber ich finde, das zerstört ihren feinen Geschmack. Ich esse sie lieber roh mit einer leckeren cremigen Füllung. Diese Vorspeise wird deine Gäste sicher beeindrucken!

Für 8 Stück

☆	☆	☆	☆	☆
200 g Mandel-„Quark" (s. S. 147) oder veganer Doppelrahmfrischkäse	50 g Oliven, entsteint und gehackt	8 getrocknete Tomaten (Glas), grob gehackt	3 EL frische Basilikumblätter, gehackt	8 Zucchiniblüten

Für die Füllung den Mandel-„Quark" in einer Schüssel mit Oliven, Tomaten und Basilikum mischen und mit Salz und frisch gemahlenem schwarzem Pfeffer würzen.

Die Zucchiniblüten vorsichtig öffnen und mit je 2–3 TL der Masse füllen. Die Blüten mit sauberen Händen schließen. Sofort servieren.

★ Variante
Für eine warme Vorspeise die Blüten im auf 180 °C (Gas Stufe 4) vorgeheizten Backofen 15 Minuten erwärmen.

SHIITAKE-SCHNECKEN

Die Idee für dieses Gericht kam mir beim Anblick einer Schneckenpfanne, in der Weinbergschnecken nach Burgunder Art in Knoblauchbutter serviert werden. Ich fragte mich, ob ich dieses klassische französische Gericht „veganisieren" könnte. Dazu verwende ich Shiitakepilze, da sie eine ähnlich gummiartige Konsistenz wie die Schnecken haben. Wenn man den Stiel entfernt und sie am Hut an einer Stelle von außen zur Mitte hin einschneidet, rollen sie sich auf und sehen wie Schnecken aus.

Für 4 Portionen als Vorspeise

☆	☆	☆	☆	☆
600 g Shiitakepilze	1 Schalotte oder kleine Zwiebel, fein gewürfelt	4–6 Knob- lauchzehen, fein gehackt	1 Bund Petersilie, gehackt	2 TL Tamari oder Nama Shoyu

Die Shiitake putzen und den Stiel herausschneiden. Den Hut jeweils an einer Stelle vom Rand bis zur Mitte einschneiden, sodass sich die Pilze zusammenrollen. Den Stiel wegwerfen.

Die Schalotte in einem Topf mit etwas Wasser bei mittlerer Hitze 5 Minuten weich dünsten. Die Pilzschnecken zugeben und mit einer Prise Salz würzen. Sobald die Pilze etwas Flüssigkeit ziehen, Knoblauch und die Petersilie bis auf 1–2 EL für die Dekoration zugeben. Unter Rühren 4–5 Minuten dünsten, ggf. etwas Wasser zugeben. Tamari zufügen und weitere 2 Minuten köcheln.

Mit Petersilie bestreuen und mit Sodabrot servieren.

KAROTTENLACHS-HÄPPCHEN

Mir macht es Spaß, Küchenklassiker in eine vegane Version zu verwandeln. Mein Karottenlachs ist vom skandinavischen Graved Lachs inspiriert. Er sieht sehr ähnlich aus und schmeckt auch fast wie der echte. Mit seinem salzigen Räuchergeschmack kann man ihn vielseitig verwenden. Die Raucharomen kommen von Flüssigrauch, den man online oder in veganen Läden bekommt. Man kann auch geräuchertes Paprikapulver verwenden, aber der Geschmack ist nicht derselbe. Der Karottenlachs muss zwei bis drei Tage ziehen, um sein volles Aroma zu entwickeln.

Für 4 Portionen

☆	☆	☆	☆	☆	☆	☆
500 g Karotten, ungeschält	1 TL Flüssig-rauch oder geräuchertes Paprikapulver (Pimentón de la Vera)	2 EL Mirin (japanischer Reiswein)	500 ml pikante Ca-shew-Creme (s. S. 150) oder veganer Doppelrahm-frischkäse	2 rote Zwie-beln, halbiert und in dünne Scheiben geschnitten	1 Glas Kapern in Salzlake	4 EL frischer Dill, gehackt

Den Backofen auf 180 °C (Gas Stufe 4) vorheizen.

Die Karotten in Alufolie wickeln und 45–60 Minuten al dente backen. Die Karotten anschließend schälen und sehr dünn in diagonale Scheiben oder lange Streifen schneiden. Die Karotten in einer Schüssel mit dem Flüssigrauch, Mirin und ½ TL Salz gut vermischen. In ein Gefäß füllen, mit Deckel oder Frischhaltefolie abdecken und 2–3 Tage in den Kühlschrank stellen.

Vor dem Servieren aus dem Kühlschrank nehmen, damit sich die Aromen entfalten können. Mit pikanter Cashew-Creme, roten Zwiebelstreifen und Kapern anrichten und mit frisch gemahlenem schwarzem Pfeffer und Dill bestreuen.

★ Serviervorschlag
Mit Körner-Crackern servieren. Der Karottenlachs passt auch gut zu Pasta, Quiche oder Salat.

SOMMER-WRAPS

Diese Reispapier-Wraps schmecken toll als leichte Vorspeise oder einfaches Mittagessen. Und sie sind zudem ganz schnell und einfach zubereitet!

Für 8 Stück

☆	☆	☆	☆	☆	☆	☆
1 Salatgurke	1 Mango	1 Avocado	2 rote Paprika	8 runde Reis-papierblätter	1 Bund Minze	1 Bund (Thai-) Basilikum

Die Salatgurke halbieren und von Samen befreien, Mango und Avocado schälen, halbieren und entsteinen, die Paprika von Samen und Scheidewänden befreien. Alles in Streifen schneiden.

Lauwarmes Wasser in einen großen Topf geben. Ein Blatt Reispapier 5–10 Sekunden in Wasser einweichen, bis es biegsam ist.

Das Reispapier auf eine glatte, saubere Oberfläche legen und mit etwas Minze und Basilikum sowie Gurke, Mango, Avocado und Paprika belegen. Das Reispapier an drei Seiten nach innen klappen und vorsichtig fest einrollen. Bis zum Servieren mit einem feuchten Tuch bedecken. Die übrigen Wraps genauso zubereiten.

★ Tipps
Zu den Wraps passen die asiatische Sweet-and-Spicy-Soße (s. S. 163), Tamari oder Erdnuss-Soße (s. S. 65). Gehaltvoller werden die Wraps, wenn man sie zusätzlich mit Sprossen, geräuchertem Tofu oder Glasnudeln füllt.

☆
START

☆
FRISCH

★
SCHNELL

☆
HERZHAFT

☆
GÄSTE

☆
SÜSS

☆
BASICS

PASTA MIT TAPENADE & GEGRILLTEN KIRSCHTOMATEN

Als ich früher mit meiner Mutter zum Einkaufen auf den Markt ging, habe ich immer eine große grüne Olive bekommen. Seither liebe ich Oliven. Fertige Olivenpaste wird meist mit Anchovis hergestellt, daher mache ich mir meine eigene, vegane Tapenade. Ich verwende hochwertige entsteinte Oliven, entweder schwarze aus Kalamata oder Nyons in Südfrankreich oder grüne. Zusammen mit Pasta und gegrillten Tomaten wird daraus ein schnelles Sommergericht.

Für 4–6 Portionen

☆	☆	☆	☆	☆	☆	☆
500 g Kirsch-tomaten	2 TL weißer Balsamessig	500 g Nudeln	140 g grüne oder schwarze Oliven, entsteint	80 g getrocknete Tomaten	2 Knoblauch-zehen, grob gehackt	50 g Rucola oder Petersilie, gehackt

Den Backofen auf 220 °C (Gas Stufe 7) vorheizen.
Die Kirschtomaten auf ein Backblech legen, mit Balsamessig beträufeln und mit Salz und frisch gemahlenem schwarzem Pfeffer würzen. Das Blech etwas rütteln, damit die Tomaten gut von Essig und Gewürzen bedeckt sind. 12–15 Minuten im Ofen rösten.

Wasser in einem großen Topf zum Kochen bringen. Die Nudeln nach Packungsanleitung kochen. Abschütten, dabei 2 EL Kochwasser zurückhalten.

In der Zwischenzeit Oliven, getrocknete Tomaten, Knoblauch sowie Rucola im Mixer zu einer Paste zerkleinern. Sie hält sich 5–6 Tage im Kühlschrank.

200 g Olivenpaste und nach Wunsch 2 EL Kochwasser in einem Topf mit den Nudeln vermengen. Nach Geschmack etwas mehr Tapenade zugeben. Mit den Kirschtomaten servieren.

★ Tipp
Am besten verwendest du Vollkorn-, Keimling- oder glutenfreie Nudeln oder aus Bohnen hergestellte Nudeln.

SÜSSKARTOFFEL-POMMES MIT WÜRZIGER GUACAMOLE

In den Niederlanden gibt es Pommesbuden an jeder Ecke. Die Pommes frites werden zweimal in Öl frittiert, was für mich zwei Gründe sind, sie nicht zu essen: erstens zu fettig und zweitens ungesund. Dennoch esse ich gern Fast Food, allerdings nur, wenn ich es selbst zubereite. Diese Süßkartoffel-Pommes aus dem Backofen sind köstlich und gesund und schneller fertig, als man zur Pommesbude laufen kann. Eine gute Guacamole ist eine interessante Alternative zur klassischen Mayonnaise.

Für 4 Portionen

☆	☆	☆	☆	☆
1,5 kg Süß-kartoffeln, ungeschält und in dicke Streifen geschnitten	3 reife Avocados	Saft von 1 Limette	1–2 Knob-lauchzehen, fein gehackt	½–1 frische Jalapeño, von Samen befreit und fein gehackt

Den Backofen auf 220 °C Umluft (Gas Stufe 7) vorheizen. Ein Backblech mit fettdichtem Backpapier auslegen.

Wasser in einem großen Topf zum Kochen bringen. Die Kartoffelstücke 2 Minuten blanchieren. Abgießen.

Die Süßkartoffeln auf das Backblech legen, mit Salz und frisch gemahlenem schwarzem Pfeffer würzen und 20–25 Minuten backen, von Zeit zu Zeit wenden. Die Pommes frites sollen außen goldbraun und innen weich sein. Aus dem Ofen nehmen.

In der Zwischenzeit für die Guacamole die Avocados schälen, halbieren und entsteinen. Das Fruchtfleisch in einer Schüssel mit einer Gabel zerdrücken oder in der Küchenmaschine pürieren. Mit Limettensaft, Knoblauch, Jalapeño mischen und mit frisch gemahlenem schwarzem Pfeffer und etwas Salz würzen.

Die Pommes frites auf einem großen Teller anrichten und mit Guacamole servieren.

ASIATISCHE NUDELPFANNE

Asiatische Nudel- und Gemüsepfannen lassen sich unglaublich schnell zubereiten – perfekt, wenn man wenig Zeit, aber Lust auf etwas Leckeres und Gesundes hat. Das Gemüse spielt dabei die Hauptrolle. Ich verwende am liebsten Pak Choi, ein typisch chinesisches Gemüse, das man schon ganz zeitig im Frühjahr ernten kann.

Für 3–4 Portionen

☆	☆	☆	☆	☆	☆	☆
350 g Reisnudeln	4 Pak-Choi-Köpfe	2 Knoblauchzehen, gehackt	½ rote Chilischote, von den Samen befreit, geschnitten oder gehackt	1 daumengroßes Stück Ingwer, geschält und fein gehackt	4 EL Tamari oder Sojasoße	Süß-pikante Cashews (s. S. 152), gehackt

Die Nudeln nach Packungsanleitung kochen. Abgießen, mit kaltem Wasser abschrecken und beiseitestellen.

Die weißen Stängel beim Pak Choi abschneiden, klein schneiden und im Wok bei hoher Temperatur mit etwas Wasser 3–4 Minuten unter Rühren weich dünsten. Knoblauch, Chilischote und Ingwer zugeben und 1 Minute mitdünsten. Die Nudeln und die grünen Blätter des Pak Choi sowie falls nötig etwas Wasser in den Wok geben. Alles gut vermengen und 2 Minuten braten, bis die Nudeln warm sind. Zum Schluss Tamari unterrühren.

Mit den gehackten Cashews bestreuen und servieren. Nach Wunsch mit etwas geröstetem Sesamöl beträufeln.

PASTA MIT PISTOU

Fast jeder kennt Pesto, die grüne Basilikumpaste aus Norditalien. Weniger bekannt ist die französische Variante, Pistou. Sie wird ohne Parmesan und Pinienkerne zubereitet. Ich verwende statt Olivenöl Avocado für eine cremige Konsistenz. Pistou wird normalerweise mit viel Knoblauch zubereitet, man kann aber auch weniger verwenden. Brokkoli und Buschbohnen passen gut dazu, du kannst das Rezept aber auch mit Spargel oder anderen Bohnen kochen.

Für 4 Portionen

☆	☆	☆	☆	☆	☆	☆
400 g kurze Nudeln (z. B. Penne rigate oder Orechiette)	300 g Buschbohnen, halbiert oder gedrittelt	1 Brokkoli, in Röschen	2 große Bund Basilikum (ca. 150 g), grob gehackt	¼ Avocado	4–6 Knoblauchzehen	Saft von 1 Zitrone

Die Nudeln in einem großem Topf in viel Wasser nach Packungsanleitung kochen und abgießen. Wasser in einem zweiten Topf zum Kochen bringen und die Buschbohnen darin 7–8 Minuten bei geschlossenem Deckel kochen, nach 3–4 Minuten die Brokkoliröschen zugeben und mitkochen. Das Wasser abgießen, 2 EL Nudelwasser zurückhalten. Nudeln und Gemüse beiseitestellen.

In der Zwischenzeit für das Pistou Basilikum, Avocado, Knoblauch, Zitronensaft, 1 TL Salz und 60 ml Wasser im Mixer pürieren, ggf. etwas mehr Wasser zugeben.

Die Nudeln mit dem Gemüse, dem Pistou und 2 EL Nudelwasser vermengen. Sofort servieren.

★ Tipps
Dazu schmeckt der Pinienkern-„Parmesan" (s. S. 42) gut. Anstatt Pasta kannst du auch rote Linsen, Kichererbsen oder Reis verwenden. Übrig gebliebenes Pistou schmeckt hervorragend auf Weißbrotscheiben mit Tomaten und Avocado.

INDISCHE SÜSSKARTOFFEL-RÖSTI MIT ZWIEBELSALAT

Viele traditionelle indische Gerichte sind vegan. Für dieses Rezept verbinde ich indisch gewürzte Süßkartoffeln mit Schweizer Rösti.

Für 8–10 Portionen

☆	☆	☆	☆	☆	☆	☆
500 g Süß-kartoffeln, geschält und gerieben	3 rote Zwie-beln, geschält und dünn geschnitten	1 EL Garam Masala	¼ TL Chili-pulver	3 EL frischer Koriander plus 1 TL zum Bestreuen, gehackt	3 EL Kicher-erbsenmehl	Saft von ½ Zitrone oder 1 Limette

Den Backofen auf 150 °C (Gas Stufe 2) vorheizen.

Die geriebenen Kartoffeln in ein Sieb geben und mit Wasser abspülen. Abtropfen lassen. Die Kartoffeln in einer großen Schüssel mit einem Drittel der roten Zwiebeln mischen. ½ TL Salz, Garam Masala, Chilipulver, 3 EL Koriander und das Kichererb-senmehl zugeben und alles gut vermengen.

Etwas Kokosöl in einer beschichteten Pfanne bei mittlerer Temperatur erhitzen. 4 EL Süßkartoffelmischung zu einem runden Klößchen formen, in die Pfanne geben und mit dem Pfannenwender flach drücken. 4–5 Minuten braten, wenden und von der anderen Seite noch einmal 3–4 Minuten braten. Die übrigen Rösti genauso zuberei-ten, auf einen Teller legen, mit Alufolie bedecken und im Backofen warm halten.

Für den Zwiebelsalat die restlichen Zwiebeln in einer Schüssel mit Zitronensaft, ¼ TL Salz und 1 TL Koriander mischen. Die Rösti mit dem Salat und etwas veganem Joghurt (s. S. 151) servieren.

PORTOBELLO-SATAY
MIT ERDNUSSSOSSE

Die Küche Hollands ist stark von den ehemaligen Kolonien beeinflusst. Ein typisches Beispiel ist die indonesische Satay-Soße, die aus Erdnüssen gemacht wird. Traditionell wird sie zu den sogenannten Satay-Spießen gereicht, die aus gegrilltem Hühner- oder Lammfleisch zubereitet werden. In den Niederlanden ist diese Soße sehr beliebt. Dieses Satay besteht aus Portobello-Pilzen, das sind kräftig schmeckende Zuchtchampignons. Man kann sie hervorragend in der Grillpfanne oder auf dem Grill zubereiten. Mit gerösteten Kokosraspeln und gebratenem Reis wird daraus eine köstliche Mahlzeit.

Für 4 Portionen

☆	☆	☆	☆	☆	☆	☆
6 Portobello-Pilze, geputzt und von den Stielen befreit	8 EL Erdnussmus (80 g)	½–1 TL Chilipulver	1 daumengroßes Stück Ingwer, geschält und gerieben	Saft von 1 Limette	2 EL Nama Shoyu oder Tamari	100 g Kokosraspel oder -flakes

Holzspieße 10–15 Minuten in heißem Wasser einweichen. Die Pilze in lange, dicke Streifen schneiden. Die Streifen der Länge nach auf die Spieße stecken. Mit etwas Salz würzen und beiseitestellen.

Für die Erdnusssoße Erdnussmus, Chilipulver nach Geschmack, geriebenen Ingwer, Limettensaft, Nama Shoyu und 360 ml heißes Wasser in einem Mixer fein pürieren.

Die Pilz-Spieße in einer Grillpfanne bei hoher Temperatur 6–7 Minuten auf jeder Seite anbraten.

Die Kokosraspel in einer beschichteten Pfanne mit schwerem Boden bei mittlerer Hitze unter Rühren goldbraun rösten. Vom Herd nehmen.

Das Pilz-Satay mit Erdnusssoße und gerösteten Kokosraspeln servieren.

★ Variante
Mit 1 EL Ahornsirup wird die Erdnusssoße noch etwas süßer.

QUINOA-NORI-BRATLINGE

Diese Bratlinge werden mit Nori-Algen zubereitet und schmecken herrlich nach Meer. Das Kochen mit Meeresalgen anstatt mit Fisch ist gesund und schont die Ozeane. Meeresalgen haben einen tollen Umami-Geschmack und enthalten wichtige Nährstoffe wie Vitamin K, Kalzium und Eisen. Ein Nori-Blatt hat angeblich dieselbe Menge an Omega-3-Fettsäuren wie zwei Avocados. Und das Beste: In den Ozeanen gibt es unerschöpfliche Vorkommen an essbaren Algen.

Für 8 kleine Bratlinge

☆	☆	☆	☆	☆	☆
150 g gekochte Quinoa (70 g trocken)	150 g gekochte weiße Cannellini-Bohnen (Dose)	1 EL Aonori oder Dulse-Pulver	1 EL Senf	Abrieb von ½ Bio-Zitrone	2 EL frischer Schnittlauch, gehackt

Alle Zutaten mit Salz und frisch gemahlenem schwarzem Pfeffer in der Küchenmaschine gut vermengen. Den Teig in acht gleich große Portionen teilen und zu Bratlingen formen. Wenn Zeit ist, die Bratlinge 10–15 Minuten in das Gefrierfach legen.

Eine beschichtete Keramikpfanne bei mittlerer Temperatur erhitzen und mit etwas Kokosöl ausreiben. Die Bratlinge darin von jeder Seite 3 Minuten braten. Sie sind fertig, wenn sie eine goldbraune Kruste haben.

Die Bratlinge mit Ketchup, Zitronen-Tahina-Dressing (s. S. 160) oder scharf eingelegter Gurke (s. S. 164) servieren.

GRÜNE QUINOA-SCHALEN

Die winzigen Quinoa-Samen haben einen nussigen Geschmack und sind glutenfrei. Es gibt sie in Weiß, Schwarz und Rot. Quinoa stammt ursprünglich aus Südamerika und ist besonders bei Vegetariern und Veganern beliebt. Mit grünem Gemüse und Kräutern kann man daraus ein schnelles, frisches Gericht zubereiten.

Für 4 Portionen

☆	☆	☆	☆	☆	☆
200 g Quinoa	250 g Grünkohl oder Palmkohl	3 Bio-Zitronen	150 g Erbsen (frisch oder TK)	2 Avocados	1 Bund Estragon oder Petersilie, gehackt

Quinoa waschen und nach Packungsanleitung in Salzwasser kochen.

In der Zwischenzeit die Kohlblätter in kleine Stücke rupfen und mit einer Prise Salz und dem Saft von ½ Zitrone in einer großen Schüssel mischen. Die Kohlblätter mit den Händen 2–3 Minuten weich kneten.

Die Erbsen in einem Topf mit kochendem Wasser 1 Minute blanchieren. Abgießen. Die beiden restlichen Zitronen halbieren und an der Schnittseite in einer heißen Grillpfanne oder einer beschichteten Bratpfanne 5–6 Minuten braten, bis die Schale karamellisiert und das Fruchtfleisch weich wird.

Die Avocados halbieren, entsteinen, schälen und das Fruchtfleisch in Streifen schneiden.

Die Quinoa abgießen und auf vier Schalen verteilen. Kohl, Erbsen, Avocado und Estragon darübergeben. Mit Salz und frisch gemahlenem schwarzem Pfeffer würzen und zum Schluss mit etwas Olivenöl beträufeln. Mit den gegrillten Zitronen servieren.

LINSEN-GRANATAPFEL-SALAT

Ich koche gern mit Linsen, denn sie müssen nicht eingeweicht werden und sind schon nach 20 Minuten fertig. Außerdem sind sie eine ausgezeichnete Basis für ein gehaltvolles Essen. Dieses Gericht ist orientalisch angehaucht und bringt mit den Granatapfelkernen etwas Sonne in den Winter.

Für 4 Portionen

☆	☆	☆	☆	☆	☆	☆
250 g Puy- oder Beluga-Linsen	1 großer Bund Petersilie, gehackt	1 großer Bund Minze, gehackt	Kerne von 1 Granatapfel (siehe Tipp)	1 EL gehackte Schale einer Salzzitrone (Glas) plus 1 EL Zitronensaft	1 Knoblauchzehe, gehackt	320 g Mandel-„Feta" (s. S. 149)

Die Linsen in 750 ml Wasser nach Packungsanleitung kochen. Sie sollten weich, aber noch ganz und nicht breiig sein.

Die Linsen abgießen und in einer großen Schüssel mit Petersilie, Minze, Granatapfelkernen, Zitronenschale, Zitronensaft, Knoblauch und 3 EL Olivenöl mischen. Mit Salz und frisch gemahlenem schwarzem Pfeffer würzen. Nicht zu viel salzen, da der Mandel-„Feta" sehr salzig ist.

Alles gut vermengen. Den Mandel-„Feta" darüberbröseln und lauwarm oder bei Zimmertemperatur servieren.

★ Tipp
Um die Kerne aus dem Granatapfel zu entfernen, zunächst eine Schüssel mit Wasser füllen. Den Granatapfel vierteln und die Kerne mit den Fingern von der Haut in die Schüssel kratzen. Die Kerne sinken auf den Boden, die weißen Häutchen schwimmen an der Wasseroberfläche. Die Haut abschöpfen und die Kerne aus dem Wasser holen.

★ Variante
Anstatt Mandel-„Feta" 100 g geschälte und gehackte Pistazienkerne verwenden.

FENCHEL-EINTOPF MIT SAFRAN

Dieser Eintopf schmeckt nach einem sonnigen Tag in Südfrankreich und lässt sich in nur 30 Minuten auf den Tisch zaubern. Pur, mit Dampfkartoffeln, Brot oder gekochten Körnern servieren.

Für 3–4 Portionen

☆	☆	☆	☆	☆	☆	☆
1 Prise Safranfäden	500 g Fenchel mit Fenchelgrün	2 Knoblauch-zehen, fein gehackt	Blätter von 2 Thymian-zweigen	1 Lorbeer-blatt	4 Tomaten, geschält und gehackt, oder 1 Dose (à 400 g) stückige Tomaten	250 g gekochte Kichererbsen oder 1 Dose (à 400 g), abgetropft

Die Safranfäden in eine kleine Schüssel geben, mit 60 ml warmem Wasser (60 °C) übergießen und 5–7 Minuten ziehen lassen. Die Fäden entfernen und das Safran-wasser beiseitestellen.

Den Fenchel putzen, vierteln, den Strunk so entfernen, dass die Knolle nicht aus-einanderfällt. Die Viertel längs in Streifen schneiden. Das Fenchelgrün hacken und beiseitestellen.

Fenchelstreifen, Knoblauch, Thymian, Lorbeerblatt und 2 EL Wasser in einem Topf bei mittlerer Temperatur erhitzen. 3 Minuten köcheln lassen. Tomatenstücke und 400 ml Wasser zugeben und aufkochen. Die Temperatur reduzieren und 20 Minuten köcheln lassen.

Die Kichererbsen und das Safranwasser zugeben und weitere 5 Minuten köcheln lassen. Mit dem Fenchelgrün garnieren und servieren.

★ Variante
1 EL Kapern mit den Tomaten zugeben. Gesalzene Kapern zuvor 10 Minuten in Wasser einweichen.

SURINAM-CURRY

In Amsterdam gibt es eine Vielfalt an Restaurants und ich lasse mich gern von den Stilen der französischen, italienischen, griechischen, chinesischen, indonesischen oder afghanischen Küche inspirieren. Viele Restaurants wurden von Bewohnern der ehemaligen niederländischen Kolonien, wie etwa Surinam, gegründet. Zu diesem surinamischen Curry isst man traditionell Fladenbrot aus Kichererbsenmehl, das „Roti". Es schmeckt aber auch mit Naturreis oder Quinoa.

Für 4–6 Portionen

☆	☆	☆	☆	☆	☆	☆
1 mittelgroße Zwiebel, gehackt	1 EL frische rote Chili-schote, gehackt (optional)	1 ½ EL Currypulver	600 g kleine Kartoffeln, geschält und halbiert	600 g Buschboh-nen, geputzt und in 2 cm lange Stücke geschnitten	250 g Tofu, in 1 cm große Würfel ge-schnitten	250 ml Kokosmilch

Zwiebeln und Chili in einem Topf mit etwas Wasser bei mittlerer Hitze glasig dünsten, ggf. etwas mehr Wasser zufügen, damit sie nicht anbrennen. Currypulver unterrühren. Die Kartoffeln zugeben und alles gut vermengen.

450 ml Wasser und ½ TL Salz zufügen. Bei geschlossenem Deckel aufkochen, dann 10 Minuten bei mittlerer Hitze köcheln lassen.

Die Bohnen zugeben und weitere 5–6 Minuten kochen.

Garprobe machen und ggf. 2–3 Minuten länger kochen. Tofu und Kokosmilch zugeben und bei niedriger Temperatur 2 Minuten köcheln lassen. Abschmecken und servieren.

★ Tipp
Scharf eingelegte Gurke (s. S. 164) passt hervorragend zu diesem Gericht. Sambal Oelek oder eine scharfe Soße verleiht ihm einen besonderen Kick.

NUDELN MIT KAROTTEN-MISO-SOSSE

Als ich in Amsterdam studiert habe, war mein Lieblingsrestaurant das „Shizen", in dem es wunderbares veganes Essen gab. Jahre später habe ich herausgefunden, dass Amy Chaplin, eine meiner Lieblingsbloggerinnen, zu jener Zeit dort gearbeitet hat. Ihr Buch „Celebrating Whole Food" enthält viele inspirierende Rezepte. Dieses Gericht ist meine Variation ihrer köstlichen und vielseitigen Karottensoße.

Für 4 Portionen

☆	☆	☆	☆	☆	☆	☆
250 g Karotten, geschält und gerieben	100 ml helles Miso	60 ml Tahina	1 EL Yuzu-Essig oder Reisessig	1 daumen-großes Stück Ingwer, geschält und gerieben	350 g Nudeln (siehe unten)	250 g Edamame, gekocht

Für die Soße Karotten, Miso, Tahina, Essig, Ingwer und 250 ml Wasser im Mixer glatt pürieren. Mit Salz abschmecken und beiseitestellen.

Die Nudeln nach Packungsanleitung kochen und abschütten.

Die Soße auf vier Schalen verteilen. Die Nudeln und die Edamame (unreif geerntete Sojabohnen) zugeben und sofort servieren.

★ Tipps
Anstatt Edamame kannst du auch geräucherten Tofu oder Tempeh aus dem Wok verwenden. Yuzu-Essig kann durch Clementinen- und Limettensaft zu gleichen Teilen ersetzt werden.

★ Variante
Schwarze Reisnudeln oder Zucchininudeln passen perfekt dazu. Du kannst das Gericht auch mit Essiggurken, Salatgurke, Nori-Flocken, Sesamsamen und Sprossen oder Mikrokräutern servieren.

☆
START

☆
FRISCH

☆
SCHNELL

★
HERZHAFT

☆
GÄSTE

☆
SÜSS

☆
BASICS

EINTOPF MIT KICHERERBSEN UND KAROTTEN

Die einfachsten Rezepte sind die, bei denen alle Zutaten in einem Topf vor sich hin kochen, sodass man sich währenddessen entspannen kann. Die typisch nordafrikanischen Zutaten wie Harissa, Kichererbsen und Oliven machen diesen Eintopf besonders lecker. Harissa ist eine aromatische, scharfe Chilisoße, die unter anderem Kreuzkümmel, Koriander und Kümmel enthält. In der nordafrikanischen und orientalischen Küche werden damit Eintöpfe, Suppen und Couscous-Gerichte gewürzt. Dieser Eintopf bringt dich mit jedem Löffel an exotische Orte.

Für 4 Portionen

☆	☆	☆	☆	☆	☆	☆
1 mittelgroße Zwiebel, gehackt	1 ½–2 EL Harissa-Paste plus ggf. ½ TL mehr	1 Dose stückige Tomaten (à 400 g)	6 mittelgroße Karotten, geschält, in 1 cm lange Stücke geschnitten	20 g frischer Koriander, Blätter und Stiele getrennt gehackt	2 Dosen Kichererbsen (à 400 g), abgetropft und abgespült	75 g ganze Oliven, entsteint

Die Zwiebeln in einem Topf bei mittlerer Hitze mit etwas Wasser 5–10 Minuten weich dünsten. Harissa-Paste zugeben und mit ½ TL Salz und frisch gemahlenem schwarzem Pfeffer würzen. Gut vermengen. Tomaten, Karotten, Korianderstiele und 250 ml Wasser zugeben. Aufkochen, dann bei niedriger Temperatur 10 Minuten köcheln lassen, bis die Karotten weich sind.

Kichererbsen und Oliven zufügen und weitere 5 Minuten kochen. Mit Salz und Pfeffer abschmecken. Für mehr Schärfe noch ½ TL Harissa-Paste einrühren. Mit den Korianderblättern bestreuen und servieren.

★ Serviervorschlag
Mit Couscous, Bulgurweizen, Quinoa und einem Klecks veganem Joghurt (s. S. 151) servieren, um die Schärfe etwas zu neutralisieren.

BUCHWEIZEN-RISOTTO MIT SPARGEL

Dieses gehaltvolle Risotto schmeckt mit dem Spargel aromatisch nach Frühling, besitzt aber auch eine Wärme und Cremigkeit, die genau richtig für graue und regnerische Tage ist. Buchweizen ist ein glutenfreies Getreide, das tatsächlich zu derselben Pflanzenfamilie wie Rhabarber gehört! Anders als beim traditionellen Reis-Risotto muss man ihn nicht so lange rühren, damit er cremig wird.

Für 4 Portionen

☆	☆	☆	☆	☆	☆
1 mittelgroße Zwiebel, fein gehackt	2 Stangensellerie, fein geschnitten	400 g Buchweizen, gewaschen und abgetropft	1,5 l Wasser oder Gemüsebrühe (s. S. 155)	500 g Spargel, geputzt	3 EL frische Kräuter, gehackt (z. B. Dill, Estragon oder Basilikum)

Zwiebeln und Sellerie in einem Topf bei mittlerer Hitze mit etwas Wasser 5–10 Minuten weich und glasig dünsten. Ggf. mehr Wasser zugeben.

Buchweizen zugeben, mit Wasser angießen und aufkochen. Die Temperatur reduzieren und bei mittlerer Hitze 20–25 Minuten köcheln lassen, gelegentlich umrühren.

Die Spargelstangen jeweils dritteln und in einem Topf mit kochendem Wasser 2 Minuten blanchieren. Abgießen.

Wenn der Buchweizen weich und cremig ist, den Spargel in das Risotto geben, einige Stücke für die Dekoration zurückhalten. Kräuter zufügen und umrühren. Mit den Spargelstücken garnieren und sofort servieren.

★ Variante
Noch cremiger wird das Risotto, wenn du 120 ml pikante Cashew-Creme (s. S. 150) mit 4 EL Nährhefe mischst und mit dem Spargel und den Kräutern in das Risotto gibst.

PILZ-POLENTA-TARTE

An kalten Herbsttagen sehne ich mich nach einer behaglichen und herzhaften Mahlzeit. Pilze eignen sich dafür perfekt. Wenn ich Glück habe, bringt mir mein französischer Nachbar einen Korb voll Herbsttrompeten oder Schafsfußpilze vorbei.

Für 4 Portionen

☆	☆	☆	☆	☆	☆	☆
100 g Polenta	100 g Kastanien- mehl	1 l Wasser oder Gemüse- brühe (s. S. 155)	750 g ge- mischte Pilze, geputzt	3 Knoblauch- zehen, fein gehackt	1 Bund Petersilie, gehackt	Saft und Abrieb von ½ Bio- Zitrone

Den Backofen auf 180 °C (Gas Stufe 4) vorheizen. Ein Backblech mit fettdichtem Backpapier auslegen.

Polenta und Kastanienmehl mischen und in gesalzenem Wasser nach der Packungs- anleitung der Polenta kochen. Regelmäßig umrühren, um ein Anbrennen zu verhin- dern.

Die Polenta gleichmäßig etwa 1 cm dick auf dem Backblech verteilen. 35–45 Minu- ten knusprig backen.

In der Zwischenzeit die Pilze grob hacken und in einem Topf bei hoher Temperatur mit zwei Drittel des Knoblauchs, 2 EL Petersilie, Zitronensaft und einer Prise Salz 8–10 Minuten kochen. Durch das Salz ziehen die Pilze Wasser, daher zunächst kein Wasser und wenn, dann esslöffelweise zugeben. Sollten die Pilze zu viel Wasser gezo- gen haben, die überschüssige Flüssigkeit etwas abschütten, damit die Polenta später nicht zu weich wird. Beiseitestellen.

Die Pilze auf der knusprigen Polenta verteilen und weitere 5 Minuten backen.

Für die Gremolata den restlichen Knoblauch, Petersilie und Zitronenabrieb mischen. Die Polenta-Tarte aus dem Ofen nehmen, mit der Gremolata bestreuen und servieren.

★ Tipp
Die Polenta lässt sich auch vorbereiten und bis zur Verwendung abgedeckt im Kühl- schrank aufbewahren. Anstatt Kastanienmehl kann man auch die doppelte Menge Polenta nehmen.

ROTKOHL-„STEAKS" MIT DUKKAH

Mein Mann isst alles außer Rotkohl. Auch die klassische Zubereitung mit Äpfeln
überzeugt ihn nicht. Fest entschlossen, seine Einstellung zu Rotkohl zu ändern,
habe ich schließlich diese „Steaks" zubereitet, und endlich hat er eingesehen, wie
köstlich das Gemüse schmecken kann.

Für 4–6 Portionen

☆	☆	☆	☆	☆	☆	☆
1 kleiner Rotkohl	5 EL Orangensaft	150 g Walnusskerne oder Mandeln oder Pistazienkerne	50 g Sesamsamen	2 EL Koriandersamen	2 EL Kreuzkümmelsamen	Veganer Joghurt (s. S. 151) zum Servieren (optional)

Den Backofen auf 200 °C (Gas Stufe 6) vorheizen.

Den Rotkohl durch den Strunk in 1–1,5 cm breite Scheiben schneiden (siehe Tipp).
Ein Backblech mit fettdichtem Backpapier auslegen und die Rotkohlscheiben mit
etwas Abstand darauflegen. Mit Orangensaft beträufeln und mit Salz und frisch
gemahlenem schwarzem Pfeffer würzen. Mit Alufolie bedecken und 20 Minuten
backen. Die Alufolie entfernen und weitere 10 Minuten backen, bis der Rotkohl
weich ist.

In der Zwischenzeit die Dukkah zubereiten. Walnusskerne, Sesamsamen, Koriandersamen und Kreuzkümmelsamen in einer Pfanne ohne Fett bei niedriger Temperatur
7–8 Minuten duftig rösten, dabei gelegentlich umrühren. Im Mörser oder in der
Küchenmaschine mit einem ¾ TL Salz nicht zu fein mahlen.

Die „Steaks" mit 2 TL Dukkah bestreuen und mit einem Klecks veganem Joghurt
servieren.

★ Tipp
Beim Schneiden des Rotkohls darauf achten, dass die Scheiben ein Stück Strunk
enthalten, damit die Rotkohlblätter nicht auseinanderfallen.

★ Extras
Diese „Steaks" passen perfekt zum cremigen Winterstampf (s. S. 85).

CHILI MIT SCHWARZEN BOHNEN

Als ich zum ersten Mal in einem mexikanischen Restaurant war, mochte ich auf Anhieb die Kombination aus frischen und kräftigen Aromen. Für ein typisch mexikanisches Essen braucht man Kreuzkümmel, geräuchertes Paprikapulver und Oregano.

Für 4 Portionen

☆	☆	☆	☆	☆	☆	☆
2 große Zwiebeln, gehackt	3 Paprika (rot, grün und gelb), von Samen und Scheidewänden befreit und in 1 cm große Stücke geschnitten	3 TL getrockneter Oregano	2 ½ TL gemahlener Kreuzkümmel	2–3 TL scharfes geräuchertes Paprikapulver (Pimentón de la Vera)	400 g Tomaten, geschält und gehackt, oder 1 Dose stückige Tomaten (à 400 g)	750 g gekochte schwarze Bohnen oder 3 Dosen (à 400 g), abgetropft

Die Zwiebeln in einem Topf bei mittlerer Hitze mit etwas Wasser 5–8 Minuten goldbraun andünsten.

Paprika, Oregano, Kreuzkümmel und Paprikapulver zugeben und unter Rühren ca. 1 Minute rösten. Tomaten zugeben und 2–3 Minuten kochen.

Die schwarzen Bohnen zufügen, bei geschlossenem Deckel aufkochen, dann die Hitze reduzieren und bei niedriger Temperatur 20–25 Minuten köcheln lassen. Das Chili nach Wunsch für eine cremigere Konsistenz leicht pürieren. Abschmecken und sofort servieren.

★ Extras
Serviere das Chili mit einer Limette, frischem gehacktem Koriander, würziger Guacamole (s. S. 58) oder pikanter Cashew-Creme (s. S. 150) in einer Tortilla oder einer (Süß-)Kartoffel aus dem Ofen.

CREMIGER WINTERSTAMPF

Kartoffelbrei ist das ultimative Comfort Food. In den Niederlanden werden die Stampfkartoffeln häufig mit grünem Gemüse zubereitet und heißen dann „Stamppot", also Stampftopf. Traditionell enthält dieses Gericht viel Butter und Milch. Dabei sind die Kartoffeln und das Gemüse die wahren Stars. Für die vegane Version verwende ich Gemüse, das in den Niederlanden nicht so oft zum Einsatz kommt.

Für 4 Portionen

☆	☆	☆	☆	☆
2 kg Wintergemüse, z. B. Knollensellerie, Pastinaken, Blumenkohl	1 l Wasser oder Gemüsebrühe (s. S. 155)	1 Lorbeerblatt (optional)	3 EL Nährhefe	60 ml pikante Cashew-Creme (s. S. 150, optional)

Das Gemüse putzen, wenn nötig schälen und in gleich große Stücke schneiden. Wasser mit dem Lorbeerblatt in einem großen Topf zum Kochen bringen und das Gemüse darin 10–15 Minuten, je nach Größe der Stücke, weich kochen.

Das Kochwasser abgießen, dabei 350 ml zurückhalten. Das Gemüse mit einem Kartoffelstampfer zerdrücken oder in der Küchenmaschine pürieren, dabei etwas Kochflüssigkeit zugeben, damit die Masse glatt wird. Die Nährhefe zugeben und mit Salz und frisch gemahlenem schwarzem Pfeffer würzen. Nach Wunsch die Cashew-Creme unterrühren.

★ Variante
750 g gehackten Kohl, Portulak, Rübstiel, Rucola oder Spinat unterheben.

★ Extras
Zu dem Winterstampf passen gekochte Bohnen, gedünstete Pilze, die Rotkohl-„Steaks" (s. S. 82) oder die rauchigen Burger (s. S. 112).

LINSEN-STEINPILZ-RAGOUT

Getrocknete Steinpilze geben diesem Ragout Tiefe und passen perfekt zu dem erdigen Palmkohl. Puy- oder Beluga-Linsen behalten beim Kochen ihre Form und eignen sich daher besonders für dieses Rezept. Das Ragout schmeckt hervorragend zu Süßkartoffeln aus dem Ofen, Pasta oder gekochtem Getreide.

Für 4 Portionen

☆	☆	☆	☆	☆	☆	☆
4 mittel-große Süß-kartoffeln	20 g getrocknete Steinpilze	250 g Puy- oder Beluga-Linsen	3 Knoblauch-zehen, fein gehackt	1 ½ EL getrocknete Kräuter der Provence	1 Dose stückige Tomaten (à 400 g)	500 g Palmkohl oder Wirsing, geputzt, in kleine Stücke geschnitten

Den Backofen auf 200 °C (Gas Stufe 6) vorheizen. Die Süßkartoffeln auf einem Backblech 45 Minuten weich backen.

Die getrockneten Pilze in einer feuerfesten Schüssel mit 250 ml kochendem Wasser übergießen und 15–20 Minuten ziehen lassen. Danach abseihen (siehe Tipp), das Einweichwasser auffangen und mit den Pilzen beiseitestellen.

Die Linsen in einem feinen Sieb abspülen und mit 1 l Wasser in einem Topf bei mittlerer Hitze und geschlossenem Deckel aufkochen. Die Hitze reduzieren und 20–25 Minuten köcheln lassen. Das Wasser abgießen und die Linsen beiseitestellen.

In einem Topf die Pilze mit ihrem Einweichwasser und dem Knoblauch bei mittlerer Hitze aufkochen. Nach 1 Minute Kräuter der Provence und Tomaten zugeben und 2–3 Minuten kochen. Die Linsen zugeben und mit Salz und frisch gemahlenem schwarzem Pfeffer würzen. Aufkochen, anschließend bei niedriger Temperatur 15 Minuten köcheln lassen, ggf. etwas Wasser zugeben. Wenn die Linsen weich sind, den Palmkohl oder Wirsing zugeben und 8–10 Minuten weich kochen.

Die Süßkartoffeln aus dem Ofen nehmen, in der Mitte tief einschneiden und leicht öffnen. Mit dem Ragout füllen und sofort servieren.

★ Tipp

Das Sieb für die Pilze mit einem sauberem Küchenpapier oder einem Musselintuch auslegen, um Schmutz oder Sand aus dem Einweichwasser aufzufangen.

KIRSCHTOMATEN-QUICHE

Die Hauptzutaten der französischen Quiches sind Mehl, Milch, Eier und – wie bei der berühmten Quiche Lorraine – Speck und Käse. Eine vegane Variante habe ich noch nicht gesehen. Diese Kirschtomaten-Quiche ist es.

Für 4 Portionen

☆	☆	☆	☆	☆	☆	☆
1 Knoblauch-knolle	125 g Hafer-flocken	75 g Mandeln, gemahlen	3 EL Chia-Samen oder Leinsamen, gemahlen	750 g Kirsch-tomaten	2 EL Balsam-essig	250 g gekochte Limabohnen oder 1 Dose (à 400 g), abgetropft

Den Backofen auf 180 °C (Gas Stufe 4) vorheizen.

Die Oberseite der Knoblauchknolle abschneiden, sodass einige Zehen freiliegen. In Alufolie wickeln und die Ecken so falten, dass ein kleiner Beutel entsteht. Mit etwas Wasser beträufeln und mit Salz und frisch gemahlenem schwarzem Pfeffer würzen. Die Alufolie schließen und die Knolle im Backofen 50–60 Minuten weich backen.

In der Zwischenzeit für den Quicheteig die Haferflocken in der Küchenmaschine fein mahlen. Mit den Mandeln, den Chia-Samen, ¼ TL Salz und 150 ml abgekochtem Wasser in einer Schüssel zügig zu einem Teig verkneten. Die Zutaten schnell verarbeiten, sonst saugen die Chia-Samen das Wasser auf und der Teig wird fest. Der Teig darf etwas klebrig sein. Den Teig mit den Händen gleichmäßig in eine Quicheform mit Hebeboden drücken.

Die Tomaten mit Balsamessig, etwas Salz und frisch gemahlenem schwarzem Pfeffer mischen und auf ein Backblech legen. Zusammen mit dem Quicheteig in den Ofen geben und 20–25 Minuten backen bzw. rösten. Die Kirschtomaten aus dem Ofen nehmen, wenn sie zerplatzen und anfangen, zu karamellisieren.

Die Knoblauchzehen aus der fertigen Knolle herausdrücken und mit den Bohnen in der Küchenmaschine glatt pürieren. Nach Wunsch würzen. Die Masse gleichmäßig auf dem Quiche-Boden verteilen. Die gerösteten Tomaten daraufgeben, die Quiche zurück in den Ofen schieben und weitere 20 Minuten backen.

Die Quiche aus dem Ofen nehmen, etwas abkühlen lassen und servieren.

★ Variante
Statt Tomaten kann man auch geröstetes Wintergemüse und im Frühling Spargel verwenden. Die Bohnenfüllung kannst du durch den Mandel-„Quark" (s. S. 147) ersetzen.

PASTINAKEN-LAUCH-SUPPE

Gemüsesuppe wird in den Niederlanden und in Frankreich unterschiedlich zubereitet. Die Holländer bevorzugen Brühe mit ganzen Gemüsestücken, in Frankreich wird sie meist glatt püriert. Diese Suppe nach französischer Art wird aus Herbst- und Wintergemüse zubereitet und mit aromatischen Kräutern verfeinert.

Für 4–6 Portionen

☆	☆	☆	☆	☆	☆	☆
1 Stange Lauch, geputzt und in Ringe geschnitten	1 Lorbeerblatt	1 EL frischer Rosmarin, fein gehackt	1 EL frische Thymianblätter	4 Pastinaken, geschält und in Stücke geschnitten	1 l Wasser oder Gemüsebrühe (s. S. 155)	Kichererbsen-Croûtons mit Kräutern (s. S. 156)

Den Lauch mit den Kräutern und etwas Wasser in einem großen Topf bei mittlerer Hitze 6–8 Minuten weich dünsten. Pastinaken zugeben und unter Rühren 2 Minuten anbraten. Wasser angießen und aufkochen. Anschließend die Hitze reduzieren, bei geschlossenem Deckel 15–20 Minuten köcheln lassen, bis die Pastinaken weich sind.

Das Lorbeerblatt entfernen und die Suppe glatt pürieren. Erneut bei niedriger Temperatur einige Minuten erhitzen. Mit Salz und frisch gemahlenem schwarzem Pfeffer würzen. Die Suppe auf Schalen verteilen, die Croûtons darübergeben und sofort servieren.

★ Varianten

Anstelle der Croûtons kannst du auch gekochte Maronen verwenden: Ihr Aroma passt perfekt zu der Suppe. Vor dem Servieren kannst du zusätzlich einen Klecks pikante Cashew-Creme (s. S. 150) auf die Suppe geben.

SÜSSKARTOFFEL-GNOCCHI
MIT RUCOLA-PESTO

Gnocchi aus Süßkartoffeln sind köstlich und schmecken besonders gut mit Rucola-Pesto. Der pfeffrige und leicht bittere Geschmack passt hervorragend zur Süße der Kartoffeln. Je nach Verfügbarkeit kannst du orangefarbene, violette oder weiße Süßkartoffeln verwenden.

Für 3–4 Portionen

☆	☆	☆	☆	☆	☆	☆
500 g Süßkartoffeln (etwa 2 mittelgroße)	130 g Buchweizenmehl oder Dinkelmehl	100 g Rucola, grob geschnitten	100 g Sonnenblumenkerne	Saft von ½ Zitrone	2 Knoblauchzehen	3 EL Nährhefe

Den Backofen auf 200 °C (Gas Stufe 6) vorheizen. Die Kartoffeln mit einer Gabel einstechen und auf einem Backblech 45–60 Minuten im Ofen weich garen.

Die Kartoffeln aus dem Ofen nehmen, etwas abkühlen lassen und aufschneiden. Das Fruchtfleisch herauskratzen und in einer Schüssel mit einer Gabel zerdrücken oder durch eine Kartoffelpresse drücken. Mehl und ½ TL Salz zugeben und mit der Gabel gut vermischen.
Den Teig mit sauberen Händen zu einer Kugel formen; möglichst nicht zu lange bearbeiten, da die Gnocchi sonst zäh und hart werden. Die Kugel halbieren, jede Teighälfte zu einer Rolle formen und in 3 cm große Stücke schneiden. Die Gnocchi mit einem Gabelrücken sanft eindrücken. Die Gnocchi können sofort verwendet werden, sie halten sich aber auch abgedeckt im Kühlschrank bis zu zwei Tage und können auch eingefroren werden.

Für das Pesto Rucola, Sonnenblumenkerne, Zitronensaft, Knoblauch, Nährhefe, etwas Salz und frisch gemahlenen schwarzen Pfeffer in der Küchenmaschine pürieren, dabei 80 ml heißes Wasser zugeben, bis eine pestoartige Konsistenz erreicht ist. Mit Salz abschmecken.
Wasser in einem großen Topf zum Kochen bringen und die Gnocchi darin 2 Minuten (tiefgefrorene etwas länger) kochen. Die Gnocchi sind gar, wenn sie an die Oberfläche kommen. Abgießen.

Gnocchi und Pesto in einer Schüssel gut vermischen und sofort servieren.

WURZELGEMÜSE-BOULANGÈRE

Pommes Boulangère oder Bäckerinkartoffeln sind ein französischer Klassiker. Er besteht hauptsächlich aus Kartoffeln, die im Ofen gebacken werden. Der Name geht auf den Brauch zurück, das Gericht nach dem Brotbacken in dem noch heißen Bäckerofen zu backen. Ich verwende neben Kartoffeln noch anderes Wintergemüse.

Für 4 Portionen

☆	☆	☆
1,5 kg gemischtes Wurzel-gemüse, z. B. Pastinaken, Kartoffeln, Karotten	450 ml Gemüse-brühe (s. S. 155)	3 EL frischer Salbei, Rosmarin und Thymian, gehackt

Den Backofen auf 200 °C (Gas Stufe 4) vorheizen. Das Gemüse schälen und grob in Stücke schneiden. Die Stücke in eine feuerfeste Auflaufform (ca. 30 x 20 x 5 cm) legen. Die Brühe angießen und die Kräuter darüberstreuen.

1 Stunde auf der oberen Einschubleiste backen, bis die Oberseite der Gemüsestücke goldbraun und knusprig und das Gemüse weich ist. Wenn das Gemüse zu dunkel wird, mit Alufolie abdecken. Aus dem Ofen nehmen und servieren.

★ Tipp
Zusätzlich mit Zwiebeln zubereitet, wird das Wintergemüse noch schmackhafter.

KÜRBIS, ROMANESCO & LIMABOHNEN AUS DEM OFEN

Dieses Rezept ist inspiriert von einem Gericht, das ich in Amsterdam im „Olive & Cookie" gegessen habe, einem kleinen Laden mit frisch und liebevoll zubereitetem Essen. Dies ist meine Version von einem der köstlichen Gerichte.

Für 4 Portionen

☆	☆	☆	☆	☆	☆	☆
1 Kürbis (ca. 1 kg), geschält, entkernt und in 2 cm dicke Scheiben geschnitten	1 Romanesco oder Blumenkohl, gewaschen und in Röschen zerteilt	3 EL weißer Balsamessig oder Orangensaft	1 ½ TL gemahlener Kreuzkümmel	1 ½ TL mildes geräuchertes Paprikapulver (Pimentón de la Vera)	250 g gekochte Limabohnen oder 1 Dose (à 400 g), abgetropft	75 g Rucola oder Brunnenkresse

Den Backofen auf 180 °C (Gas Stufe 4) vorheizen. Ein Backblech mit fettdichtem Backpapier auslegen.

Kürbis und Romanesco in einer Schüssel mit Balsamessig, Kreuzkümmel und Paprikapulver gut mischen und mit Salz und frisch gemahlenem schwarzem Pfeffer würzen. Das Gemüse auf dem Backblech verteilen. Im Backofen 25 Minuten garen.

Das Blech kurz aus dem Ofen nehmen, das Gemüse etwas durchmischen, die Limabohnen zugeben und weitere 10–15 Minuten im Ofen garen, bis Kürbis und Romanesco weich sind.

Mit Rucola oder Brunnenkresse bestreuen und servieren.

★ Extras

Dieses Gericht schmeckt köstlich mit gekochtem Getreide und dem Ahornsirup-Senf-Dressing (s. S. 160) oder dem Zitronen-Tahina-Dressing (s. S. 160).

ROSENKOHLSALAT MIT GRAUPEN UND ROTER BETE

Salate sind nicht nur eine Mahlzeit für den Sommer. Wenn es draußen kälter wird, lässt sich aus Saisongemüse, Bohnen und Körnern ein gehaltvoller Salat für den Winter zaubern. In diesem Rezept verwende ich unter anderem die rot-weiß gestreifte Rote Bete „Tonda di Chioggia".

Für 4 Portionen

☆	☆	☆	☆	☆	☆
150 g Graupen	1 kg Rosenkohl	Saft von 2 Clementinen	1 TL Fenchelsamen	1 Rote Bete „Tonda di Chioggia", in dünne Scheiben geschnitten	75 g Kürbiskerne

Die Graupen in Wasser oder Brühe nach Packungsanleitung kochen. Falls nötig abgießen und beiseitestellen.

Den Rosenkohl waschen und putzen, die äußeren Blätter entfernen. Die Röschen mit dem Gemüsehobel in dünne Scheiben schneiden. Die Rosenkohlscheiben mit 2 EL Clementinensaft, Fenchelsamen, Salz und frisch gemahlenem schwarzem Pfeffer in einer Pfanne kurz anbraten. Das dauert nur etwa 1–2 Minuten, der Rosenkohl sollte noch knackig sein.

Den Rosenkohl in einer Schüssel mit Graupen und Roter Bete mischen.

Die Kürbiskerne in einer Pfanne ohne Fett goldbraun rösten, dabei öfter umrühren, damit sie nicht anbrennen. Die Kürbiskerne zum Salat geben. Den restlichen Clementinensaft und nach Wunsch 3 EL Olivenöl zugeben. Mit Salz und Pfeffer abschmecken, gut durchmischen und servieren.

★ Tipp
Am einfachsten lässt sich die Rote Bete mit einem Gemüsehobel in dünne Scheiben schneiden.

☆ START ☆ FRISCH ☆ SCHNELL ☆ HERZHAFT ★ **GÄSTE** ☆ SÜSS ☆ BASICS

GEFÜLLTE TOMATEN

Die mit Pilaw gefüllten Tomaten sind perfekt für ein sommerliches Essen mit Freunden. Sie lassen sich gut vorbereiten und dann einfach in den Ofen schieben, wenn die Gäste da sind. Zu diesem einfachen, aber leckeren Essen passt ein Salat.

Für 4 Portionen

☆	☆	☆	☆	☆	☆	☆
300 g Vollkorn-basmatireis	50 g Pinien-kerne	1 mittelgroße Zwiebel, fein gehackt	½ TL gemah-lener Piment	35 g Korin-then, einge-weicht	25 g frischer Dill, gehackt	8 mittel-große Tomaten

Den Reis mindestens 30 Minuten einweichen, danach abspülen und abtropfen lassen.

Den Backofen auf 180 °C (Gas Stufe 4) vorheizen.

Die Pinienkerne in einer Pfanne bei mittlerer Hitze goldbraun rösten. Beiseitestellen.

Für das Pilaw die Zwiebeln mit etwas Wasser in einem mittelgroßen Topf bei mittlerer Hitze weich dünsten, ggf. etwas mehr Wasser zugeben. Pinienkerne, Piment, Korin-then, die Hälfte des Dills und eine Prise Salz zugeben und alles vermischen. Den Reis zugeben und gut umrühren. Anschließend 750 ml Wasser angießen. Aufkochen, dann die Hitze reduzieren und gemäß der Zeitangabe für den Reis köcheln lassen.

In der Zwischenzeit den Deckel der Tomaten abschneiden und die Tomaten entker-nen. Die Tomaten mit dem fertigen Pilaw füllen, in eine Backform setzen und 15–20 Minuten im Ofen garen. Die Tomaten mit dem restlichen Dill bestreuen und servieren.

★ Extras
Die Tomaten mit einem guten Schuss Zitronensaft oder einem Klecks veganem Joghurt (s. S. 151), Chili- oder Tahinasoße genießen.

GEFÜLLTES BROT

Dieses Rezept geht auf das provenzalische „Pan Bagnat" zurück: ausgehöhltes Brot, das mit mediterranen Zutaten wie Tomaten, Thunfisch und Zwiebeln gefüllt und dann in Folie gewickelt wird, damit es gut durchziehen kann. Für meine Version dieses traditionellen Gerichts verwende ich Pistou (s. S. 62), gegrillte Paprika und saftige Tomaten als Füllung. Das Brot lässt sich gut für ein Picknick vorbereiten.

Für 4 Portionen

☆	☆	☆	☆	☆	☆	☆
3 rote Paprika oder 1 Glas geröstete Paprika	1 rundes Sauerteig-Vollkornbrot	ca. 250 g Pistou (s. S. 62) oder fertiges Pesto	150 g Mandel-„Ricotta" (s. S. 146)	4 reife Tomaten, in Scheiben geschnitten	1 rote Zwiebel, in Ringe geschnitten	150 g schwarze Oliven, entsteint

Zunächst die Paprika grillen. Dazu eine Gabel in das Grün der Paprika stechen und die Paprika bei hoher Temperatur direkt über die offene Flamme des Gaskochfelds halten, dabei gleichmäßig drehen, damit die Paprika außen rundherum schwarz werden. Das gibt der Paprika eine köstliche Rauchnote. Alternativ kannst du die Paprika auch auf dem Grill oder im Backofengrill rösten. Die weichen Paprika in eine hitzebeständige Form geben und mit Frischhaltefolie abdecken, um die Paprika „schwitzen" zu lassen. Die Paprika abkühlen lassen und die Haut mit einem spitzen Messer entfernen, das Gemüse dabei ggf. unter fließendes Wasser halten. Von Samen und Scheidewänden befreien und längs in grobe Stücke schneiden.

Den Deckel des Brots abschneiden und das Brot aushöhlen, bis nur noch die ca. 1,5 cm dicke Kruste übrig ist. Zum Füllen des Brots zunächst eine Schicht Pistou auf den Boden geben, dann ein paar Stücke gegrillte Paprika, Mandel-„Ricotta", zwei bis drei Tomatenscheiben, Zwiebelringe und Oliven. Die Schichten wiederholen, bis das Brot gefüllt ist. Das gefüllte Brot in Frischhaltefolie wickeln und auf ein Schneidebrett legen. Ein zweites Schneidebrett auf das Brot legen und mit einem dicken Buch beschweren. Eine Stunde ziehen lassen.

Zum Servieren die Frischhaltefolie entfernen und das Brot in dicke Scheiben schneiden.

★ Variation
Anstatt Mandel-„Ricotta" kann man auch Mandel-„Feta" (s. S. 149) verwenden.

★ Tipp
Aus dem ausgehöhlten Inneren des Brots lassen sich leckere Croûtons zubereiten.

AUBERGINEN-ESCABECHE

Escabeche ist sowohl im Mittelmeerraum als auch in Lateinamerika ein traditionelles Gericht. Es besteht normalerweise aus Fisch, der in einer säuerlichen Marinade über Nacht eingelegt und dann kalt serviert wird. In der veganen Küche sind Auberginen ein perfekter Ersatz für den Fisch, denn sie nehmen die Aromen der Marinade wunderbar auf. Ein herrliches Rezept für den Spätsommer oder Herbstanfang.

Für 4 Portionen

☆	☆	☆	☆	☆	☆	☆
2 mittelgroße Auberginen	1 Bund Petersilie	1 rote Zwiebel, in Scheiben geschnitten	einige frische Thymianzweige	120 ml Rotweinessig oder Apfelessig	1 TL Koriandersamen	1 TL ganze Pfefferkörner

Die Auberginen vom Stielansatz befreien und längs in acht Scheiben schneiden. Ca. 10 Minuten in einem Topf dämpfen, bis sie weich sind.

In der Zwischenzeit für die Marinade die Petersilienblätter abzupfen und beiseitestellen. Die Stängel kleinschneiden. Petersilienstängel, Zwiebeln, Thymian, Essig, Koriandersamen, Pfefferkörner und eine Prise Salz in einem Topf mit 360 ml Wasser aufkochen. Danach die Hitze reduzieren und ca. 5 Minuten köcheln lassen.

Die Auberginenscheiben in eine Auflaufform legen, die Marinade zugießen und 2–3 Stunden oder über Nacht im Kühlschrank marinieren.

Die Auberginen 30 Minuten vor dem Servieren aus dem Kühlschrank nehmen. Die Petersilienblätter grob hacken und darüberstreuen.

★ Extras

Für eine mediterrane Mahlzeit mit gekochten oder gedämpften Kartoffeln, pikanter Cashew-Creme (s. S. 150) oder Safran-Aioli (s. S. 106) und einem grünen Salat servieren.

ROTE BETE & KARTOFFELN
IM SALZMANTEL MIT SAFRAN-AIOLI

Es gibt nichts Schöneres für einen bequemen Koch, als das Essen in den Ofen zu schieben und zu warten, bis es gar ist. Dieses an die spanische und südfranzösische Küche angelehnte Gericht ist dafür ideal. Es schmeckt herrlich und sieht mit der Roten Bete und den bunten Kartoffeln auch noch malerisch aus.

Für 4 Portionen

☆	☆	☆	☆	☆	☆
1,5 kg grobes Meersalz	750 g Rote Bete in Rot, Gelb und „Tonda di Chioggia"	750 g rosa und violette Kartoffeln	20 Safran- fäden	500 ml pikante Ca- shew-Creme (s. S. 150) oder veganer Joghurt (s. S. 151)	2–3 Knob- lauchzehen

Den Backofen auf 200 °C (Gas Stufe 6) vorheizen.

Den Boden einer feuerfesten Form mit der Hälfte des Meersalzes bedecken. Die Rote Bete und die Kartoffeln gründlich waschen, mehrmals mit einer Gabel einstechen und in die Form legen. Mit dem restlichen Salz bedecken. Im Ofen 1 Stunde weich garen.

In der Zwischenzeit für die Aioli die Safranfäden in einer kleinen Schüssel mit 2–3 EL warmem Wasser (60 °C) übergießen. 5–7 Minuten ziehen lassen. Die Fäden entfernen und das Safranwasser, die Cashew-Creme und die Knoblauchzehen im Mixer pürieren.

Das Gemüse aus dem Salzbett nehmen, von überschüssigem Salz befreien und jeweils halbieren. Mit der Aioli und nach Wunsch mit einem grünen Salat servieren.

ZUCCHINI-FRITTATA

Zucchini gedeihen immer in meinem Garten, bei jedem Wetter. Ich ernte sie jedes Jahr im Überfluss und in den unterschiedlichsten Größen. So habe ich unendlich viele Möglichkeiten, damit zu experimentieren. Diese Frittata, serviert mit einem Tomatensalat, ist ein herrliches Sommergericht.

Für 4 Portionen

☆	☆	☆	☆	☆
2 mittelgroße Zucchini, geputzt und gerieben	2 Knoblauchzehen, fein gehackt	120 g Kichererbsenmehl	¼ TL gemahlene Kurkuma (für die Farbe, optional)	1 Handvoll frisches Basilikum, gehackt

Den Backofen auf 180 °C (Gas Stufe 4) vorheizen. Eine Auflaufform fetten oder mit fettdichtem Backpapier auslegen.

Die Zucchini in einer beschichteten Keramikpfanne mit 2 EL Wasser weich dünsten, ggf. etwas mehr Wasser zugeben. Den Knoblauch zugeben und weitere 3–4 Minuten dünsten. Mit Salz und frisch gemahlenem schwarzem Pfeffer würzen.

Das Kichererbsenmehl mit Kurkuma, einer Prise Salz und 500 ml Wasser in einer großen Schüssel glatt rühren. Zucchini, Knoblauch und Basilikum zugeben und gut vermengen. Die Masse in der Auflaufform verteilen und 40–45 Minuten im Ofen backen. Vor dem Schneiden 10 Minuten abkühlen lassen. Mit frischem Tomatensalat servieren.

★ Tipp
Mit Kala Namak (Schwarzsalz) gewürzt, bekommt dieses Gericht ein Aroma von Eiern.

PIKANTE GALETTE

Die Galette stammt aus Frankreich und ist ein herzhaftes Gebäck. Der Teig wird ausgerollt und die Füllung darauf verteilt. Dann klappt man die Teigränder auf die Füllung. Es kann vorkommen, dass der Teig reißt oder die Füllung etwas ausläuft – das gehört dazu. Meine Variante verwendet Chia-Samen oder Leinsamen, die im Mixer oder im Mörser gemahlen werden. Anstelle von Öl verwende ich Tahina oder Mandelmus. Der Teig hält sich in Frischhaltefolie bis zu fünf Tage im Kühlschrank und kann auch eingefroren werden.

Für 4–6 Portionen (1 große oder 2 kleine Galettes)

☆	☆	☆	☆	☆	☆
300 g Dinkelmehl	4 EL gemahlene Chia-Samen oder Leinsamen	120 ml Tahina	2,5 kg rote Zwiebeln, in Ringe geschnitten	Einige Zweige frischer Thymian	3 EL Dijon-Senf oder ein anderer scharfer Senf

Dinkelmehl, Chia-Samen, Tahina und 1 TL Salz mit einer Gabel in einer großen Schüssel zu erbsengroßen Streuseln vermengen. Langsam 120 ml eiskaltes Wasser einarbeiten und zu einem Teig verkneten. Nicht zu viel kneten, da der Teig sonst zäh wird. Zu einer Kugel formen, in Frischhaltefolie wickeln und 20–30 Minuten kalt stellen.

Die Zwiebeln in einer großen Pfanne mit etwas Wasser bei mittlerer Hitze 5 Minuten andünsten, ggf. währenddessen etwas mehr Wasser zufügen. Thymian zugeben und 20 Minuten weiterdünsten, bis die Zwiebeln weich und goldbraun sind. Nach Wunsch würzen.

Den Backofen auf 200 °C (Gas Stufe 6) vorheizen. Die Frischhaltefolie entfernen und den Teig mit dem Nudelholz zwischen zwei Lagen fettdichtem Backpapier kreisförmig (ø 40 cm) ausrollen. Falls der Teig rissig wird, einfach kleine Teigstücke vom Rand auf die Risse legen und mit dem Nudelholz erneut darüberrollen. Für zwei kleine Galettes den Teig vor dem Ausrollen halbieren und die Hälften kreisförmig (ø 20 cm) ausrollen.

Den Senf mit 5 cm Abstand zum Rand auf den Teig streichen und die Zwiebelfüllung darauf verteilen. Den 5 cm breiten Rand mithilfe des Backpapiers über die Füllung klappen. Die Galette vorsichtig auf ein Backblech setzen und 35 Minuten backen, bis der Teig goldbraun ist. Warm oder kalt servieren.

KNUSPERKÜRBIS MIT KOKOSKRUSTE

Als ich mich intensiver mit gesunder Ernährung befasst habe, habe ich Frittiertes irgendwann ganz von meinem Speiseplan gestrichen. Ich mochte den knusprigen Geschmack jedoch so gern, dass ich versucht habe, ihn in eine gesunde Variante zu verwandeln. Mit zwei Schichten Kichererbsenmehl und geraspelter Kokosnuss habe ich die besten Ergebnisse erzielt. Schmeckt als Snack oder als Teil eines japanisch inspirierten Abendessens.

Für 8–10 Portionen (Snack)

☆	☆	☆	☆	☆	☆	☆
1 Kürbis (z. B. Hokkaido)	200 g Kicher-erbsenmehl	1 ½ TL Knoblauch-granulat	1 TL Ingwerpulver	1 TL Chili-pulver, wahlweise weniger für eine milde Variante	200 g Kokosraspel	Asiatische Sweet-and-Spicy-Soße (s. S. 163) oder Tamari zum Servieren

Den Backofen auf 200 °C (Gas Stufe 6) vorheizen. Eine Backform mit fettdichtem Backpapier auslegen.

Den Kürbis halbieren, die Kerne und Fäden mit einem Löffel entfernen, den Kürbis ggf. schälen. Das Kürbisfleisch in 1 cm dicke Scheiben schneiden.

Kichererbsenmehl, Knoblauchgranulat, Ingwerpulver, Chilipulver und 1 TL Salz in einer großen Schüssel mit 300 ml Wasser aufschlagen, sodass keine Klümpchen mehr enthalten sind.

Die Kokosraspel auf einem großen Teller verteilen. Die Kürbisstücke nach und nach zuerst von allen Seiten in den Kirchererbsenteig tauchen. Überschüssigen Teig abtropfen lassen. Anschließend in den Kokosraspeln wenden. Die Kürbisstücke danach in die vorbereitete Backform legen und im Ofen 16–20 Minuten backen, bis sie innen weich und außen goldbraun sind. Warm mit asiatischer Sweet-and-Spicy-Soße servieren.

RAUCHIGE BURGER

Reste von gekochtem Getreide oder Bohnen lassen sich super zu veganen Burgern verarbeiten. Karamellisierte Zwiebeln und Miso sorgen für den wichtigen Umami-Geschmack und garantieren zusammen mit dem Raucharoma ein zutiefst befriedigendes Gaumenfeuerwerk.

Für 4–6 Stück

☆	☆	☆	☆	☆	☆	☆
3 rote Zwiebeln, gehackt, plus ½ Zwiebel, in Ringe geschnitten	300 g gekochte rote Kidneybohnen oder 1 Dose (à 400 g), abgetropft	170 g gekochter Wildreis (100 g ungekocht)	50 g zarte Haferflocken	1 EL Miso	1 TL Flüssigrauch oder 1 TL geräuchertes Paprikapulver (Pimentón de la Vera)	½ TL Chilipulver

Die gehackten Zwiebeln in einem Topf mit etwas Wasser bei mittlerer Hitze weich und goldbraun andünsten und karamellisieren lassen, ggf. etwas mehr Wasser zufügen, damit sie nicht anbrennen.

Gedünstete Zwiebeln, Bohnen, Reis, Haferflocken, Miso, Flüssigrauch und Chilipulver nach Geschmack in der Küchenmaschine grob mixen. Den Teig in vier bis sechs Portionen teilen und jede Portion zu einem Bratling formen. Wenn Zeit ist, 30 Minuten kalt stellen.

Die Bratlinge in einer Pfanne mit etwas Kokosöl bei mittlerer bis hoher Temperatur 3–4 Minuten auf jeder Seite goldbraun und knusprig braten. Die Zwiebelringe daraufgeben und mit Extras nach Wunsch (siehe unten) servieren.

★ Extras
Die Burger schmecken nicht nur pur, sondern auch auf einem Hamburgerbrötchen mit Ajvar (s. S. 163) oder Ahornsirup-Senf-Dressing (s. S. 160) und dazu Avocado oder Salat.

ZUCCHINI-CANNELLONI MIT KÜRBIS-SALBEI-FÜLLUNG

Kürbis, Salbei und Mandel-„Ricotta" sind eine großartige Füllung für Cannelloni. Mit Zucchinistreifen statt Pasta wird daraus im Nu ein glutenfreies Gericht.

Für 3–4 Portionen

☆	☆	☆	☆	☆	☆	☆
1 Kürbis (ca. 1 kg) oder 800 g fertiges Kürbispüree	1 kg frischer Spinat oder TK-Spinat, aufgetaut	2 große Zucchini	400 g Mandel-„Ricotta" (s. S. 146) oder Tofu, fein zerbröselt	2 EL frischer Salbei, gehackt, plus einige ganze Blätter zum Bestreuen	¾ TL frisch gemahlene Muskatnuss	6 EL Nährhefe

Für das Kürbispüree den Backofen auf 200 °C (Gas Stufe 6) vorheizen. Ein Backblech mit fettdichtem Backpapier auslegen. Den Kürbis auf das Backblech setzen und 60–90 Minuten im Ofen rösten. Der Kürbis ist weich, wenn man ein Messer leicht einstechen kann. Etwas abkühlen lassen, halbieren und die Kerne und Fäden entfernen. Anschließend das Fruchtfleisch herauskratzen. Es sollten ca. 800 g sein. Die Backofentemperatur auf 180 °C reduzieren; bei der Verwendung von fertigem Kürbispüree den Backofen auf 180 °C vorheizen.

Den Spinat 1–2 Minuten dämpfen. Beiseitestellen. Die Zucchini mit einem Gemüsehobel oder einem Gemüseschäler längs in dünne Streifen schneiden, dazu zunächst auf einer Seite bis zum Strunk arbeiten, dann von der anderen Seite aus schneiden. Den Strunk wegwerfen.

Kürbispüree und Mandel-„Ricotta" in einer großen Schüssel mit einer Gabel vermengen. Salbei, Muskat, Hefe zugeben und mit Salz und frisch gemahlenem schwarzem Pfeffer würzen.

Die Zucchinistreifen auf die Arbeitsfläche legen, an einem Ende 1 EL Füllung und etwas Spinat daraufgeben und die Streifen zu Cannelloni rollen. Die fertigen Cannelloni in eine Auflaufform setzen, mit Salbeiblättern bestreuen und 45–50 Minuten im Ofen garen. Sofort servieren.

INDISCHE MINI-PIES

In den Niederlanden reicht man zu einem Bier oft kleine Snacks, die "bittergarnituur" (Bitterballen) genannt werden. Das sind meist Käse- oder Fleischbällchen, die mit Mayonnaise serviert werden. Diese Mini-Pies sind ein prima veganer Ersatz: Halbmonde aus Dinkelteig, gefüllt mit Erbsen und Süßkartoffeln. Sie lassen sich gut vorbereiten und jederzeit in den Ofen schieben, wenn Familie oder Freunde da sind. Sie schmecken pur, aber auch mit veganem Joghurt (s. S. 151) oder Mango-Chutney.

Für 25–28 Stück

☆	☆	☆	☆	☆	☆	☆
250 g Vollkorndinkelmehl plus etwas für die Arbeitsfläche	2 EL Nussmus (z. B. Mandel, Cashew, Erdnuss)	2 Zwiebeln, fein gehackt	2 TL Currypulver	½–1 TL Chilipulver	75 g Erbsen (TK), aufgetaut	300 g Süßkartoffeln, gekocht und in 1 cm große Würfel geschnitten

Dinkelmehl, Nussmus, eine Prise Salz und 160 ml kaltes Wasser in einer großen Schüssel zu einem Teig verkneten. Flach drücken, in Frischhaltefolie wickeln und mindestens 20 Minuten kalt stellen.

In der Zwischenzeit für die Füllung die Zwiebeln in einem großen Topf mit etwas Wasser bei mittlerer Hitze 5–6 Minuten glasig dünsten. Currypulver, Chilipulver, Erbsen und Süßkartoffeln zugeben und vorsichtig umrühren, damit die Kartoffelstückchen ganz bleiben. Mit Salz würzen. Die Mischung in eine Schüssel füllen und beiseitestellen.

Den Backofen auf 180 °C (Gas Stufe 4) vorheizen und ein Backblech mit fettdichtem Backpapier auslegen. Den Teig auf einer bemehlten Arbeitsfläche 3 mm dick ausrollen. Mit einem Kreis-Ausstecher oder einem Wasserglas (ø 7–9 cm) Teigkreise ausstechen. Den restlichen Teig erneut ausrollen und ausstechen.

2 TL Füllung in die Mitte der Teigkreise geben. Die Teigränder leicht mit Wasser einpinseln. Den Teig zur Hälfte falten und an den Rändern fest andrücken. Die Ränder mit einer Gabel dekorativ eindrücken. Die Pies auf das Backblech setzen und 20–25 Minuten goldbraun backen. Leicht abkühlen lassen und servieren.

SUSHI-SANDWICH

Jeder kennt Sushi, aber Onigirazu ist weniger bekannt. Es besteht aus denselben Zutaten wie Sushi, ist aber wie ein Sandwich geformt. Es ist ganz einfach herzustellen und sieht beeindruckend aus. Mit Karottenlachs (s. S. 50) und Avocado lässt sich eine köstliche vegane Version zaubern.

Für 4 Stück (8 halbe)

☆	☆	☆	☆	☆	☆	☆
200 g rundkörniger Reis	1 TL brauner Reisessig	4 Nori-Blätter	½ Salatgurke, in dünne Scheiben geschnitten	1 Portion Karottenlachs (s. S. 50)	2 EL schwarze Sesamsamen	1 Avocado, geschält, entsteint und in dünne Scheiben geschnitten

Den Reis in 400 ml Wasser mit ½ TL Salz gemäß Packungsanleitung kochen. Den gekochten Reis vom Herd nehmen und mit Reisessig beträufeln. Lauwarm abkühlen lassen.

Ein großes Stück Frischhaltefolie auf der Arbeitsfläche ausbreiten. Ein Nori-Blatt mit der glatten Seite nach unten rautenförmig darauflegen. Mit feuchten Händen eine 1–1,5 cm dicke Schicht Reis in der Form eines Quadrats in der Mitte platzieren. Gurkenscheiben und Karottenlachs auf den Reis geben, mit Sesamsamen bestreuen. Einige Avocadoscheiben und zuletzt noch eine Schicht Reis daraufgeben.

Zuerst mithilfe der Frischhaltefolie die obere und untere Ecke des Nori-Blatts über die Füllung falten und in der Mitte die Ecken mit etwas Wasser aneinanderkleben. Dann die beiden seitlichen Ecken genauso falten und aneinanderkleben. Das Sandwich in die Folie wickeln und sanft pressen, damit sich die Zutaten verbinden. Die Folie entfernen und sofort servieren oder für die Lunchbox oder den Picknickkorb in der Folie transportieren. Vor dem Servieren halbieren.

★ Extras
Mit Wasabi-Paste, Tamari oder Nama Shoyu servieren.

☆
START

☆
FRISCH

☆
SCHNELL

☆
HERZHAFT

☆
GÄSTE

★
SÜSS

☆
BASICS

KNUSPRIGE APFEL-MANDEL-TARTE

In den Niederlanden gehört Apfelkuchen zur traditionellen Küche. Jeder wächst damit auf. Es gibt sogar das Sprichwort, dass man sein Haus schneller verkauft, wenn es nach frischem Apfelkuchen duftet. Mein Apfelkuchen ist vegan, zucker- und glutenfrei und erinnert mit der raffinierten Füllung an eine französische Tarte.

Für 8 Stücke

☆	☆	☆	☆	☆	☆	☆
250 g Mandeln, gemahlen	¼ TL Natron	3–4 EL brauner Reissirup	3–4 EL Mandelmus	4–5 mittel-große rote Bio-Äpfel	1 TL Zimt	2 EL Kokos-blütenzucker

Den Backofen auf 170 °C (Gas Stufe 3) vorheizen.

Mandeln, Natron und eine Prise Salz in einer großen Schüssel mischen. 3 EL Reis-sirup und 3 EL Mandelmus zugeben und mit einer Gabel oder in der Küchenmaschine zu einem krümeligen Teig vermengen. Wenn der Teig zu trocken ist, noch je 1 EL Reissirup und Mandelmus zugeben. Eine Tarteform mit herausnehmbarem Boden (ø 22 cm) fetten und den Teig gleichmäßig hineindrücken.

Die Äpfel vierteln, entkernen und in dünne Scheiben schneiden. Apfelscheiben, Zimt und Kokosblütenzucker in einer großen Schüssel vorsichtig vermischen, sodass die Scheiben ganz bleiben. Die Apfelscheiben von außen nach innen rosenblütenförmig und dicht überlappend auf dem Teig anordnen. Die Tarte 40–45 Minuten goldbraun backen. Abkühlen lassen und servieren.

★ Extras
Zur Apfel-Mandel-Tarte passt süße Cashew-Creme (s. S. 150), aufgeschlagene Kokoscreme (s. S. 139) oder Eiscreme (s. S. 124).

EISCREME

Fertige Eiscreme (auch vegane) steckt meist voller Zucker. Diese köstliche und gesunde Alternative wird hauptsächlich aus Obst zubereitet. Sehr reife Bananen liefern die natürlich süße Basis. Dieses Grundrezept kann anschließend mit unterschiedlichen Aromen variiert werden, beispielsweise mit gehackten Nüssen, Kräutern, Gewürzen oder getrockneten Blüten.

GRUNDREZEPT

Für 1 l

☆	☆	☆	☆
5 sehr reife Bananen, geschält, in Scheiben geschnitten und eingefroren	250 g TK-Obst	180 ml pflanzliche Milch	Einige Tropfen flüssiges Stevia

Die Früchte aus dem Gefrierschrank nehmen und 5 Minuten antauen lassen. Alle Zutaten im Mixer oder in der Küchenmaschine glatt pürieren. Sofort servieren.

ERDBEER-BASILIKUM-EISCREME

Für 1 l

☆	☆	☆	☆	☆	☆
5 sehr reife Bananen, geschält, in Scheiben geschnitten und eingefroren	250 g TK-Erdbeeren	180 ml Mandelmilch (s. S. 146) oder Cashewmilch	3 EL frisches Basilikum, gehackt	Einige Tropfen flüssiges Stevia	1 TL rosa Pfefferkörner, zerstoßen

Die Früchte aus dem Gefrierschrank nehmen und 5 Minuten antauen lassen. Alle Zutaten im Mixer oder in der Küchenmaschine glatt pürieren. Sofort servieren.

BLAUBEER-ZITRONEN-LAVENDEL-EISCREME

Für 1 l

☆	☆	☆	☆	☆	☆
5 sehr reife Bananen, geschält, in Scheiben geschnitten und eingefroren	250 g TK-Blaubeeren	180 ml Mandelmilch (s. S. 146) oder Cashewmilch	1 EL getrocknete Lavendelblüten	Saft von 1 Zitrone	Einige Tropfen flüssiges Stevia

Die Früchte aus dem Gefrierschrank nehmen und 5 Minuten antauen lassen. Alle Zutaten im Mixer oder in der Küchenmaschine glatt pürieren. Sofort servieren.

BANANEN-WALNUSS-EISCREME MIT KARAMELLSOSSE

Für 1 l

☆	☆	☆	☆	☆	☆
10 sehr reife Bananen, geschält, in Scheiben geschnitten und eingefroren	Einige Tropfen flüssiges Stevia	60 g Walnusskerne, gehackt	150 g Medjool-Datteln, entsteint	3 EL Mandelmus	¼ TL Meersalz

Die Bananen aus dem Gefrierschrank nehmen und 5 Minuten antauen lassen. Mit dem Stevia im Mixer oder in der Küchenmaschine glatt pürieren. Die Masse in ein gefriertaugliches Gefäß füllen und die Walnusskerne unterheben. Bis zum Servieren im Gefrierschrank lagern.

Datteln, Mandelmus, Salz und 120 ml Wasser im Mixer glatt pürieren, ggf. esslöffelweise etwas mehr Wasser zugeben, wenn die Masse zu fest ist. Zum Servieren etwas Eiscreme und Dattelsoße abwechselnd in mehreren Schichten in ein Glas geben.

HIMBEER-ZITRONEN-MUFFINS

Meine Tochter liebt es, auf dem Höhepunkt der Beerensaison im Sommer durch den Garten zu streifen und sich den Mund mit reifen Beeren vollzustopfen. Doch nicht nur sie – auch die Vögel lieben Beeren. Ich pflücke die reifen Beeren daher immer ganz früh am Morgen und friere das, was ich nicht sofort brauche, ein Gefrorene Beeren haben den Vorteil, dass sie schön in Form bleiben, wenn man sie in den Teig einrührt. Und man kann sie noch im Winter verarbeiten und sich so ein wenig Sommer in die Küche holen.

Für 10–12 Stück

☆	☆	☆	☆	☆	☆	☆
300 g Dinkelmehl	½ TL Backpulver	½ TL Natron	280 ml veganer Joghurt (s. S. 151) oder Kokosmilch-joghurt	120 ml Ahornsirup	Abrieb von 1 und Saft von ½ Bio-Zitrone	125 g TK-Himbeeren

Den Backofen auf 180 °C (Gas Stufe 4) vorheizen. Dinkelmehl, Backpulver und Natron in eine große Schüssel sieben, ¼ TL Salz zugeben.

Joghurt, Ahornsirup, Zitronenabrieb und -saft in einer zweiten Schüssel mischen. Die Masse zur Mehlmischung geben und gut vermengen. Die gefrorenen Himbee-ren unterheben.

Den Teig auf die (gefetteten) Muffinformen verteilen und 20–25 Minuten backen, ggf. Garprobe mit einem Holzspieß machen. Etwas abkühlen lassen und servieren.

CAROB-KUCHEN MIT ERDBEEREN UND SCHWARZEM PFEFFER

Carob stammt vom Johannisbrotbaum, der im Mittelmeerraum heimisch ist. Aus dem gemahlenen Fruchtfleisch wird Carob-Pulver gewonnen. Es ist natürlich süß und koffeinfrei und wird oft als Schokoladenersatz verwendet, schmeckt aber mehr nach Karamell und Nüssen. Zusammen mit frischen Erdbeeren und schwarzem Pfeffer macht Carob diesen Raw Cake zu einem Geschmackserlebnis.

Für 6–8 Stücke

☆	☆	☆	☆	☆	☆	☆
180 g Walnusskerne	10 Medjool-Datteln	4 mittelreife Avocados	60 ml Ahornsirup	45 g Carob-Pulver	1 TL Vanilleextrakt	8–10 Erdbeeren

Die Walnusskerne mit einer Prise Salz in der Küchenmaschine fein mahlen. Die Datteln entsteinen, grob hacken, zugeben und erneut mixen, bis sich eine Kugel bildet. Die Masse mit den Händen gleichmäßig in eine Springform (ø 22 cm) drücken. Abgedeckt kalt stellen.

In der Zwischenzeit für die Füllung die Avocados halbieren und den Stein entfernen. Das Fruchtfleisch herauskratzen und in der Küchenmaschine mit Ahornsirup, Carob-Pulver, Vanilleextrakt und einer Prise Salz glatt pürieren. Die Füllung auf den Boden in der Springform geben und 2–3 Stunden in den Gefrierschrank stellen.

Die Erdbeeren waschen, vom Stielansatz befreien und halbieren oder vierteln. Den Kuchen 10–15 Minuten vor dem Servieren aus dem Gefrierschrank nehmen, damit er sich besser schneiden lässt. Die Erdbeeren auf die Füllung geben. Mit frisch gemahlenem schwarzem Pfeffer bestreuen und servieren. Das Messer beim Schneiden des Kuchens immer wieder säubern.

★ Varianten
Für eine Schokoladen-Version das Carob-Pulver durch Kakaopulver ersetzen. Anstelle von Erdbeeren, Himbeeren oder Kirschen im Sommer, Granatapfelkerne, Orangenfilets oder Feigen im Winter verwenden.

RAW CAKE MIT KAROTTEN

Ich liebe Karottensaft. Allerdings bleibt in der Saftpresse meist viel Fruchtfleisch zurück, das zum Wegwerfen viel zu schade ist. Das Karottenmus lässt sich perfekt in diesem Kuchen verarbeiten. Anders als herkömmliche Raw Cakes enthält dieser keine Nüsse und ist daher herrlich leicht.

Für 6–8 Stücke

☆	☆	☆	☆	☆	☆	☆
250 g Karottenfruchtfleisch, wahlweise geriebene Karotte, durch ein Tuch gepresst	60 g Rosinen	5 Medjool-Datteln	Abrieb von 1 Bio-Orange oder Bio-Zitrone	1 EL Zimt	150 g Kokosraspel plus etwas zum Bestreuen	150 g süße Cashew-Creme (s. S. 150) oder aufgeschlagene Kokoscreme (s. S. 139)

Eine Springform (ø 22 cm) mit Frischhaltefolie auslegen. Alle Zutaten bis auf die Cashew-Creme in der Küchenmaschine gut vermengen. Die Masse in die Form füllen und gleichmäßig verteilen. 1 Stunde abgedeckt kalt stellen.

Die süße Cashew-Creme auf dem Kuchen verteilen, mit Kokosraspeln bestreuen und servieren.

★ Tipp

Der Kuchen lässt sich gut am Vortag zubereiten und im Kühlschrank lagern. So schmeckt er am nächsten Tag noch besser.

FRUCHTIGER AUFLAUF MIT MANDEL-STERNANIS-CRUMBLE

Ein süßer Auflauf mit Streuseln ist herrlich, um saisonales Obst zu verarbeiten. Je nachdem, welche Früchte verfügbar sind, wählst du einfach die passenden Gewürze dazu aus. Sternanis passt wunderbar zu Birnen und Brombeeren, aber auch Zimt, Kardamom, Vanille oder Kräuter wie Thymian schmecken toll dazu.

Für 4–6 Portionen

☆	☆	☆	☆	☆	☆	☆
5 Birnen	5 Pflaumen	200 g Brombeeren	250 g Mandeln, gemahlen	100 g zarte Haferflocken	4 EL Ahornsirup	1 ½ TL gemahlener Sternanis

Den Backofen auf 160 °C (Gas Stufe 3) vorheizen. Die Birnen schälen, vom Kerngehäuse befreien und grob in Stücke schneiden. Die Pflaumen entsteinen und vierteln. Birnen, Pflaumen und Brombeeren mischen und in einer feuerfesten Auflaufform (ca. 25 x 20 cm) verteilen.

Mandeln, Haferflocken, Ahornsirup und Sternanis in einer Schüssel mit einer Gabel zu Streuseln verarbeiten. Die Streusel gleichmäßig auf den Früchten verteilen. 30–35 Minuten backen, ggf. mit Alufolie abdecken, wenn die Streusel zu schnell dunkel werden. Den Auflauf aus dem Ofen nehmen und sofort servieren.

★ Extras
Mit Eiscreme (s. S. 124), süßer Cashew-Creme (s. S. 150) oder veganem Joghurt (s. S. 151) servieren.

KNUSPRIGE MANDEL-COOKIES

Diese Cookies werden aus gemahlenen Mandeln und Mandelblättchen gemacht und garantieren ein fantastisches Knuspererlebnis.

Für 15 Stück

☆	☆	☆	☆	☆	☆
200 g Mandeln, gemahlen	50 g Mandel- blättchen	4 EL Ahornsirup	2 EL Mandelmus	1 EL Pfeil- wurzmehl	1 TL Vanille- extrakt

Den Backofen auf 160 °C (Gas Stufe 3) vorheizen und die Arbeitsfläche mit Back-papier auslegen.

Alle Zutaten in einer großen Schüssel vermischen und mit einer Gabel zunächst krümelig, dann zu einer homogenen Masse verarbeiten. Den Teig auf das Backpapier legen und ein weiteres Stück Backpapier darauflegen. Nun den Teig zwischen dem Backpapier ca. 5 mm dick ausrollen. Mit einem Ausstecher oder einem Wasserglas die Cookies ausstechen.

Die Cookies vorsichtig auf das Backblech legen. Den restlichen Teig erneut ausrollen und weitere Cookies ausstechen. 8–10 Minuten unter Aufsicht goldbraun backen, die Cookies verbrennen im Ofen leicht.

Aus dem Ofen nehmen und auskühlen lassen. Die Cookies halten sich in einem luftdicht verschlossenen Gefäß bis zu drei Tage.

★ Extras
Die Cookies schmecken pur, aber auch als Waffeln zu Eiscreme (s. S. 124). Einfach einen Klecks Eiscreme auf einen Cookie geben und einen zweiten darauflegen.

VEGANES FUDGE

Dieses Fudge aus Sonnenblumenkernmus schmeckt so lecker und ist dabei so einfach zuzubereiten. Im Kühlschrank aufbewahrt, steht es jederzeit als süße Belohnung für zwischendurch bereit.

Für 24 Stück

☆	☆	☆	☆
200 g Sonnen-blumenkern-mus	80 ml Ahornsirup	4 EL Kakao-pulver oder Carob-Pulver plus etwas zum Bestäuben	1 TL Vanille-extrakt

Das Sonnenblumenkernmus ggf. in einem kleinen Topf bei geringer Hitze erwärmen, wenn es sehr hart ist. Die Creme mit den restlichen Zutaten und einer Prise Salz in der Küchenmaschine pürieren, bis sich eine Teigkugel formt.

Eine rechteckige Backform mit Frischhaltefolie auslegen. Das Fudge hineingeben und gleichmäßig verteilen. Mindestens 1 Stunde abgedeckt kalt stellen.

Mit Kakaopulver bestäuben. Das Fudge aus der Backform nehmen und auf ein Schneidebrett legen. Die Folie entfernen und das Fudge in ca. 3 x 3 cm große Stücke schneiden.

★ Variante
Anstelle von Sonnenblumenkernmus kannst du jedes andere Mus aus Nüssen oder Kernen verwenden. Anstatt Kakao kann man vor dem Kaltstellen auch grobes Meersalz, Kokosraspel, gehackte Nüsse oder zerkleinerte gefriergetrocknete Himbeeren auf das Fudge geben und leicht andrücken.

APRIKOSEN-„PROFITEROLES"

Ich lasse mich gern von klassischen Rezepten inspirieren, um sie dann in eine vegane Variante zu verwandeln. Diese Aprikosen-„Profiteroles" ersetzen die klassischen Windbeutel aus Brandteig. Und anstatt der herkömmlichen Sahnefüllung nehme ich aufgeschlagene Kokoscreme. Verwende Kokosmilch oder Kokosmus ohne Zusatzstoffe oder Verdickungsmittel und stelle beides vor der Verarbeitung 1–2 Tage in den Kühlschrank, damit die „Sahne" schön steif wird.

Für 16–20 Stück

☆	☆	☆	☆
2 Dosen Kokosmilch (à 400 ml) oder Kokosmus, kalt	2–3 EL Ahornsirup oder brauner Reissirup oder Stevia	1 TL Vanilleextrakt	16–20 reife Aprikosen

Die Dosen öffnen, die feste, kalte Kokosmasse mit einem Löffel herausnehmen und in eine Schüssel geben. Das Kokoswasser für ein anderes Rezept wie etwa einen Smoothie verwenden. Ahornsirup, Vanilleextrakt und eine Prise Salz zu der Kokosmasse geben und mit einer Gabel oder dem Handrührgerät cremig aufschlagen. Die Kokoscreme in einen Spritzbeutel füllen.

Die Aprikosen entlang der Längsfurche halbieren und den Stein entfernen. Wenn die Aprikose sehr reif ist, kannst du sie auch nur auf einer Seite aufschneiden und den Stein entfernen, sodass die Aprikose ganz bleibt. Die Aprikosen mit der Kokoscreme füllen und servieren.

ROSENJOGHURT MIT BEEREN & KARAMELLISIERTEN PISTAZIEN

Dieses Dessert klingt aufwendig, ist aber sehr einfach zuzubereiten und bekommt mit dem rosa Pfeffer das gewisse Etwas. Genau genommen handelt es sich bei den rosa Beeren gar nicht um Pfeffer, sondern um die Früchte des Brasilianischen Pfefferbaums. Sie schmecken süßlich-aromatisch und können einfach mit einem Messer zerdrückt werden.

Für 4–6 Portionen

☆	☆	☆	☆	☆	☆	☆
600 ml veganer Joghurt (s. S. 151) oder Kokosmilch-joghurt	3 TL Rosen-wasser	2–3 Tropfen Stevia oder ein anderes Süßungs-mittel	500 g ge-mischte rote Beeren	1 EL rosa Pfeffer-körner, zerstoßen	150 g Pista-zienkerne, ungeröstet und geschält	1 EL brauner Reissirup

Einen Teller oder ein Brett mit fettdichtem Backpapier auslegen. Joghurt, Rosen-wasser und Stevia in einer Schüssel mischen. Die Beeren in einer zweiten Schüssel mit den Pfefferkörnern mischen.

Eine Keramikpfanne bei mittlerer Temperatur erhitzen und die Pistazien darin unter Rühren rösten. Reissirup zugeben und 30–40 Sekunden blasig köcheln lassen. Die karamellisierten Pistazien auf das Brett oder den Teller mit dem fettdichten Back-papier legen und auskühlen lassen.

Die Beeren auf vier bis sechs Dessertgläser verteilen, den Joghurt darübergeben und mit den karamellisierten Pistazien bestreuen.

ZITRONEN-KOKOS-PANNACOTTA MIT ORANGENFILETS

Dieses Rezept ist sehr vielseitig und befindet sich schon seit Jahren in meinem Repertoire. Die Masse eignet sich auch für die Zubereitung von Käsekuchen oder Pudding. Pannacotta wird traditionell aus Sahne und Gelatine gemacht. Die vegane Version verwendet Kokosmilch, Agar-Agar und Pfeilwurzmehl. Agar-Agar wird aus Algen hergestellt und Pfeilwurzmehl ist ein glutenfreies pflanzliches Bindemittel. Die Pannacotta schmeckt statt mit Orangen- auch mit Blutorangenfilets, Brombeeren, Blaubeeren, Kirschen oder gegrillten Pfirsichen.

Für 4 Portionen

☆	☆	☆	☆	☆	☆	☆
500 ml Kokosmilch	Abrieb von 1 ½ und Saft von 1 Bio-Zitrone	1 ½ TL Agar-Agar-Pulver	8–10 Tropfen Stevia	1 EL Pfeilwurzmehl	2 Orangen, geschält und filetiert	Minze oder Rosmarin zum Dekorieren

Kokosmilch, Zitronenabrieb und -saft sowie Agar-Agar in einem Topf mischen und bei niedriger Temperatur erhitzen. 8 Tropfen Stevia zufügen, abschmecken und ggf. mehr zugeben. Bei mittlerer Hitze 5–6 Minuten köcheln lassen, die Masse dabei kräftig mit dem Rührbesen aufschlagen, damit sich keine Klümpchen bilden.

Pfeilwurzmehl mit 3 EL kaltem Wasser glatt rühren. In die Kokosmilch-Mischung einrühren und gut umrühren, bis die Masse dick wird. Ca. 1 Minute kochen. Die Pannacotta vom Herd nehmen, auf vier Schalen verteilen und 2–3 Stunden abgedeckt kalt stellen.

Die Pannacotta vor dem Servieren aus dem Kühlschrank nehmen und auf Teller stürzen. Mit Orangenfilets dekorieren und mit Minzblättchen bestreuen.

★ Varianten
Für eine Pannacotta mit Vanillegeschmack anstelle der Zitrone 1 TL Vanillepulver zugeben. Für eine Schokoladen-Version statt der Zitrone 3 EL Kakaopulver verwenden.

☆
START

☆
FRISCH

☆
SCHNELL

☆
HERZHAFT

☆
GÄSTE

☆
SÜSS

★
BASICS

„MILCH", „RICOTTA" & „QUARK" AUS MANDELN

Die Herstellung von Nussmilch ist ganz einfach. Die Mandeln in Wasser einweichen und schälen, damit sie den bitteren Geschmack verlieren, oder blanchierte Mandeln verwenden. Aus dem restlichen Mandelfleisch kann man „Ricotta" machen, mit dem etwa die Zucchini-Cannelloni (s. S. 114) oder Brot (s. S. 102) gefüllt werden können. Der „Ricotta" lässt sich auch gut einfrieren.

MANDELMILCH

Ergibt 1 l

☆	☆
150 g Mandeln mit Schale, über Nacht eingeweicht	2–4 EL Ahornsirup oder 2 Datteln, entsteint

Die Mandeln mit einer Prise Salz und 1 l Wasser im Hochleistungsmixer ca. 1 Minute glatt pürieren. Die Masse in einen Nussmilchbeutel oder ein mit feinem Musselin ausgelegtes Sieb geben und die Milch herauspressen. Das restliche Mandelfleisch kannst du für den Mandel-„Ricotta" (siehe unten) verwenden.

Zum Süßen der Milch Ahornsirup oder Datteln zugeben. Die Milch hält sich 3–4 Tage im Kühlschrank.

MANDEL-„RICOTTA"

Ergibt 150 g

☆	☆	☆	☆
150 g Mandel-fleisch	1 l Mandel-milch	3 EL veganer Joghurt (s. S. 151)	2 TL Nähr-hefe

Alle Zutaten in einer Schüssel mischen, ggf. eine Prise Salz für ein pikantes Rezept zugeben. Spätestens am nächsten Tag weiterverarbeiten. Nicht mehr verwenden, wenn der „Ricotta" streng riecht, eine rosa Färbung oder farbige Flecken aufweist.

Mit Zitronensaft, 1 EL weißem Miso, Knoblauch, frischen Kräutern oder Flüssigrauch aromatisieren. Für die süße Variante Ahornsirup, Vanilleextrakt oder Zimt verwenden.

MANDEL-„QUARK"

Es ist ganz einfach, Mandel-„Quark" herzustellen, wenn man einmal Mandelmilch zubereitet hat. Er hat eine ähnliche Konsistenz wie Hüttenkäse oder Panir, ist jedoch nicht so fest. In jedem Fall ist er ein prima Ersatz für Doppelrahmfrischkäse.

Ergibt 180 g

☆	☆	☆
1 l Mandel-milch	Saft von ½ Zitrone	2 EL Nähr-hefe (optional)

Die Mandelmilch in einem Topf bei mittlerer Temperatur lauwarm erhitzen. Den Zitronensaft einrühren. Vom Herd nehmen, bei geschlossenem Deckel und Zimmertemperatur 45–60 Minuten abkühlen lassen.

Ein Sieb mit einem Stück Musselin auslegen, über eine Schüssel legen und die Mandelmilch-Mischung in das Sieb geben. Die vier Ecken des Tuchs zusammennehmen und fest verdrehen. Die Mischung ca. 2 Stunden im Sieb abtropfen lassen, im Tuch bleibt der „Quark" zurück.

Für ein pikantes Rezept den „Quark" mit einer Prise Salz und Nährhefe verrühren. Für die Verwendung in einem Dessert oder einem Kuchen mit Süßungsmittel, frischen Früchten oder Gewürzen wie Vanille oder Zimt vermischen.

Hält sich maximal vier Tage im Kühlschrank.

★ Serviervorschlag
Der Mandel-„Quark" schmeckt zu Getreidegerichten oder Salaten. Er lässt sich gut zu Kugeln rollen oder auch einfach als Brotaufstrich verwenden.

MANDEL-„FETA"

Viele Veganer vermissen den Käse auf ihrem Speiseplan. Ich habe viel experimentiert, um eine gute Alternative zu finden. Dabei bin ich in Miyoko Schinners „Veganer Vorratskammer" auf ein Rezept gestoßen, bei dem der vegane Mandel-„Feta" in einer Salzlake eingelegt wird. Der Geschmack kommt dem Original recht nah. Obwohl die Zubereitung einige Zeit braucht, ist die vegane Version köstlich und vielseitig einsetzbar. Agar-Agar, das pflanzliche Bindemittel aus Algen, gibt dem Ganzen die nötige Festigkeit.

Ergibt ca. 320 g

☆	☆	☆
100 g blanchierte Mandeln, gemahlen	1 EL Apfelessig	1 EL Agar-Agar-Pulver

Mandeln, Essig, ½ TL Salz und 240 ml Wasser in einem Hochleistungsmixer glatt pürieren.

Das Agar-Agar-Pulver in einem Topf mit 80 ml Wasser verrühren und bei niedriger Temperatur unter Rühren erhitzen, bis sich Blasen bilden. Die Temperatur noch weiter reduzieren und bei geschlossenem Deckel 2–3 Minuten köcheln lassen.

Den Deckel entfernen und die Mandel-Mischung mit einem Schneebesen einrühren. Eine rechteckige hitzebeständige Kunststoff-Form mit Frischhaltefolie auslegen und die Masse einfüllen. Alternativ kannst du auch eine Silikonform verwenden. Auskühlen lassen.

Für die Salzlake 1 l Wasser aufkochen und 2 EL Meersalz darin auflösen. Die Flüssigkeit in ein Gefäß mit Deckel füllen und auskühlen lassen.

Die feste Mandel-Masse in die ausgekühlte Lake geben und 3–4 Tage in den Kühlschrank stellen. Der Mandel-„Feta" hält sich bis zu zehn Tage im Kühlschrank. Nicht mehr verwenden, wenn er streng riecht, eine rosa Färbung oder farbige Flecken aufweist.

CASHEW-CREME

Diese Creme kann pikant oder süß zubereitet werden. Mit frischen Kräutern oder Knoblauch wird sie zum herzhaften Dip, verdünnt ein cremiges Salatdressing. Etwas Nährhefe verwandelt sie in eine sämige Soße, Chili in eine würzige „Mayonnaise". Mit Vanille und Ahornsirup wird ein Kuchenguss daraus, mit frischen Früchten und Müsli ein feines Parfait.

PIKANTE CASHEW-CREME

Ergibt 500 ml

☆	☆
200 g natur-belassene Cashew-kerne, über Nacht eingeweicht	1 EL Apfel-essig oder Saft von ½ Zitrone

Das Einweichwasser abgießen. Cashewkerne, Essig, 1 TL Salz und 150 ml Wasser im Hochleistungsmixer glatt pürieren. Nach Wunsch esslöffelweise mehr Wasser zugeben, um die Creme etwas flüssiger zu machen. Weitere Zutaten nach Wunsch zugeben. Die Creme hält sich in einem Glasgefäß mit Deckel bis zu drei Tage im Kühlschrank.

SÜSSE CASHEW-CREME

Ergibt 500 ml

☆	☆	☆
200 g natur-belassene Cashew-kerne, über Nacht eingeweicht	2–4 EL Stevia oder anderes Süßungs-mittel	½ TL Vanille-pulver, Vanille-extrakt oder Mark von ½ Vanilleschote

Das Einweichwasser abgießen. Alle Zutaten mit 150 ml Wasser im Hochleistungsmixer glatt pürieren. Nach Wunsch esslöffelweise mehr Wasser zugeben, um die Creme etwas flüssiger zu machen. Weitere Zutaten nach Wunsch zugeben. Die Creme hält sich in einem Glasgefäß mit Deckel bis zu drei Tage im Kühlschrank.

VEGANER JOGHURT

Wenn ich in Frankreich auf dem Land bin, brauche ich 45 Minuten bis zum nächsten Laden, der veganen Bio-Joghurt verkauft. Daher mache ich den Joghurt selbst. Zunächst habe ich mit Kokosmilch und probiotischen Kapseln experimentiert. Das ging allerdings schief. Dann habe ich eingeweichte Cashewkerne und etwas Stärke zugegeben und hatte Erfolg! Ein Joghurtbereiter oder ein Dörrgerät beschleunigen das Ganze, sind jedoch nicht notwendig. Im Sommer entwickelt sich der Joghurt aufgrund des warmen Wetters schneller.

Ergibt 750 ml

☆	☆	☆	☆
200 natur-belassene Cashew-kerne, über Nacht eingeweicht	350 ml Kokosmilch	½ TL Tapioka-stärke	120 ml veganer Joghurt (z. B. Kokosmilch-joghurt)

Das Einweichwasser der Cashewkerne abgießen. Cashewkerne und Kokosmilch im Hochleistungsmixer glatt pürieren. Die Masse in einen Topf geben, mit Tapioka-stärke mischen und unter Rühren langsam erhitzen. 2 Minuten köcheln lassen, dabei gelegentlich umrühren, bis die Masse eindickt. Lauwarm (42 °C) abkühlen lassen. Die Haut, die sich an der Oberfläche gebildet hat, entfernen und Joghurt oder Probiotika (siehe unten) zugeben. Erneut im Mixer pürieren.

Die Masse für 6–8 Stunden in den Joghurtbereiter geben oder in eine Schüssel füllen und in das Dörrgerät stellen. Alternativ die Masse in ein sterilisiertes Glasgefäß füllen, mit einem Baumwolltuch abdecken und 24–48 Stunden an einen warmen Ort (nicht direkt in die Sonne) stellen. Der „Joghurt" ist fertig, wenn sich kleine Blasen bilden und er etwas sauer riecht. Hält sich abgedeckt bis zu vier Tage im Kühlschrank.

★ Varianten
Für eine leichtere Variante die Kokosmilch durch 250 ml Mandelmilch (oder eine andere Nussmilch) und 250 ml Wasser ersetzen. Den veganen Joghurt kannst du durch zwei Kapseln veganes Probiotikum oder 2 TL probiotisches Pulver ersetzen.

SÜSS-PIKANTE CASHEWS

Diese Cashews sind so unwiderstehlich, dass meine Tochter sie immer am liebsten alle auf einmal vernaschen möchte. Sie sind toll als Knabbersnack, schmecken aber auch im Salat oder in asiatischen Gerichten wie etwa der Nudelpfanne auf Seite 61.

Für 4–6 Portionen als Snack

☆	☆	☆	☆	☆
1 EL Ahornsirup	1 EL Nama Shoyu oder Tamari	1 TL Knoblauchpulver	1 TL geräuchertes Paprikapulver (Pimentón de la Vera) (optional)	200 g naturbelassene Cashewkerne

Den Backofen auf 180 °C (Gas Stufe 4) vorheizen und ein Backblech mit fettdichtem Backpapier auslegen.

Ahornsirup, Nama Shoyu, Knoblauchpulver und nach Wunsch Paprikapulver in einer kleinen Schüssel vermengen. Die Cashewkerne in einer großen Schüssel gut mit der Würzsoße vermischen.

Die Cashewkerne gleichmäßig auf dem Backblech verteilen, vorher überschüssige Würzsoße abtropfen lassen. Im Ofen 3 Minuten rösten. Das Blech herausnehmen, die Cashews wenden und erneut 3–4 Minuten rösten, bis sie goldbraun sind. Darauf achten, dass sie nicht verbrennen. Die Cashews herausnehmen und abkühlen lassen.

★ Varianten

Du kannst die Würzsoße beliebig variieren, indem du z. B. Currypulver, Zimt, Fünf-Gewürze-Pulver oder gemahlenen Ingwer zufügst. Anstelle der Cashewkerne kann man auch eine Nussmischung aus Walnusskernen, Mandeln usw. verwenden.

TOMATENSOSSE

Ein Bauernhof bei uns in der Nähe hat im Sommer eine unglaubliche Vielfalt an Tomaten im Angebot, darunter alte Sorten, gelbe, violette und grüne Tomaten, Ochsenherztomaten und Kirschtomaten, die man am liebsten direkt vom Strauch naschen möchte. Die Tomaten schmecken alle lecker im Salat, aber genauso perfekt sind sie für eine köstliche Tomatensoße geeignet. Hier ein Grundrezept, das als Soße auf die Pizza und zu Pasta passt.

☆	☆	☆	☆	☆	☆	☆
1 kg reife Tomaten	1 große Zwiebel, gehackt	2–4 Knoblauchzehen, fein gehackt	1–2 TL Ahornsirup nach Wunsch	2 EL Balsamessig	1 EL frische Kräuter, gehackt (optional)	½ TL Cayennepfeffer (optional)

Die Tomaten am Boden mit einem Messer kreuzförmig einschneiden und 30 Sekunden in kochendes Wasser geben. Herausnehmen und in kaltem Wasser abschrecken. Anschließend die Tomaten häuten und kleinschneiden.

Die Zwiebeln in einem Topf mit etwas Wasser bei mittlerer Hitze 5 Minuten glasig dünsten. Tomaten, Knoblauch, Ahornsirup, Balsamessig und nach Wunsch Kräuter und Cayennepfeffer zugeben. Mit Salz würzen. Bei geschlossenem Deckel aufkochen, danach die Hitze reduzieren und bei niedriger Temperatur 35 Minuten köcheln lassen. Mit Salz abschmecken.

★ Tipp
Frischer Oregano, Thymian, Rosmarin oder frisches Basilikum verleihen der Soße ein tolles Aroma.

GEMÜSEBRÜHE

Eine Suppe eignet sich gut, um Reste von Gemüse oder Körnern zu verarbeiten.
In Frankreich wird das Abendessen heute oft noch „souper" genannt, da man
früher bei dieser Mahlzeit für gewöhnlich Suppe gegessen hat. Für jede Suppe
braucht man eine gute Basis. Diese leckere Gemüsebrühe kannst du prima als Basis
für selbst gemachte Suppen, aber auch für Risotto oder Soßen verwenden.

☆	☆	☆	☆	☆	☆	☆
2 Zwiebeln, ungeschält	6 Stangen Sellerie, grob geschnitten	4 mittelgroße Karotten, grob geschnitten	250 g Pilze	4–5 Thymian-zweige	1 Knoblauch-knolle, horizontal halbiert	1 Lorbeer-blatt

Alle Zutaten in einen großen Topf geben und mit Wasser bedecken. Aufkochen, die
Hitze reduzieren und bei niedriger Temperatur 40–60 Minuten köcheln lassen. Je
länger die Brühe kocht, desto intensiver entfalten sich die Aromen.

Das Gemüse aus der Brühe nehmen und die Brühe ggf. durch ein Baumwolltuch
passieren.

★ Varianten
Die Brühe kann auch mit anderen Gemüsesorten, Kräutern und Gewürzen gekocht
werden. Möglich sind z. B. Tomaten, Lauch, Sellerie, Pastinaken, Chilischoten,
getrocknete Pilze, Fenchel, Rote Bete, Rosmarin, Salbei, Koriandersamen, Piment
oder Muskatblüte.

KICHERERBSEN-CROÛTONS MIT KRÄUTERN

Die gerösteten Kräuter-Zitrone-Kichererbsen passen zu Salat, Suppe oder Getreidegerichten. Im heißen Ofen werden sie schön knusprig.

☆	☆	☆	☆	☆
450 g gekochte Kichererbsen oder 2 Dosen (à 400 g), abgetropft	2 TL getrockneter Rosmarin	2 TL getrockneter Thymian	2 TL Knoblauch-pulver	Saft und Abrieb von ½ Bio-Zitrone

Den Backofen auf 200 °C Umluft (Gas Stufe 7) vorheizen und ein Backblech mit Backpapier auslegen. Die Kichererbsen etwas trocknen lassen und die losen Häutchen aussortieren. Mit den restlichen Zutaten sowie ½ TL Salz in einer Schüssel vermischen. Auf dem Backblech verteilen und 25 Minuten im Ofen backen, von Zeit zu Zeit wenden.

ORIENTALISCHE KICHERERBSEN

Kichererbsen haben einen feinen Geschmack und lassen sich gut mit Currypulver, Garam Masala oder Salz und Essig kombinieren.

☆	☆	☆	☆	☆	☆
450 g gekochte Kichererbsen oder 2 Dosen (à 400 g), abgetropft	1 TL gemahlener Kreuzkümmel	1 TL gemahlener Koriander	1 TL geräuchertes Paprikapulver (Pimentón de la Vera)	½ TL gemahlener Fenchel	1 TL Knoblauch-pulver

Den Backofen auf 200 °C Umluft (Gas Stufe 7) vorheizen und ein Backblech mit fettdichtem Backpapier auslegen.

Die Kichererbsen abtropfen lassen, dabei etwas Flüssigkeit auffangen und beiseitestellen. Die Kichererbsen etwas trocknen lassen und die losen Häutchen aussortieren. Mit den restlichen Zutaten, ½ TL Salz und 2 EL Kichererbsenflüssigkeit in einer großen Schüssel gut vermischen. Auf dem Backblech verteilen und 25 Minuten im Ofen backen, dabei von Zeit zu Zeit wenden.

ZWEI ARTEN HUMMUS

Hummus ist vielseitig einsetzbar – auf Sandwiches, als Dip, zu Salat oder als Soße. Mit Gewürzen und Kräutern lässt er sich unterschiedlich zubereiten. Der grüne Hummus schmeckt ähnlich wie Falafel.

GRUNDREZEPT

Ergibt 750 ml

☆	☆	☆	☆	☆	☆
220 g getrocknete Kichererbsen oder 500 g gekochte Kichererbsen (2 Dosen à 400 g)	1 Stück Kombu (nur bei Verwendung von getrockneten Kichererbsen)	3 Knoblauchzehen, gehackt	60 ml Tahina	Saft von 1 Zitrone	1 TL gemahlener Kreuzkümmel

Die getrockneten Kichererbsen 8–10 Stunden oder über Nacht einweichen (oder 500 g gekochte Kichererbsen aus der Dose verwenden). Das Einweichwasser abgießen und die Kichererbsen abspülen. In einem großen Topf mit Kombu und viel Wasser, aber ohne Salz aufkochen. Den Schaum, der sich an der Oberfläche bildet, abschöpfen. 60–90 Minuten kochen, bis die Kichererbsen weich sind, aber noch ihre Form haben.

Knoblauch, Tahina, Zitronensaft, Kreuzkümmel, ½ TL Salz und 240 ml Wasser im Mixer pürieren. Die Kichererbsen abgießen, zugeben und alles glatt pürieren. Wenn die Masse zu dickflüssig ist, etwas Wasser zufügen. Zum Schluss abschmecken.

HUMMUS SCHARF & GRÜN

Für 2–3 Portionen

☆	☆	☆	☆	☆	☆
750 ml Hummus (siehe oben)	30 g frische Petersilie, gehackt	30 frischer Koriander, gehackt	30 g frische Minze, gehackt	75 g frischer Spinat, gehackt	½–1 TL Chilipulver

Alle Zutaten mit ¼ TL Salz im Mixer glatt pürieren. Hält sich abgedeckt bis zu vier Tage im Kühlschrank.

DRESSINGS OHNE ÖL

Ein gutes Dressing macht einen Salat erst so richtig lecker. Häufig enthält Salatdressing jedoch zu viel Öl, was ich gern vermeiden möchte. Die folgenden ölfreien Dressings sind so köstlich, dass man das Öl überhaupt nicht vermisst.

ZITRONEN-TAHINA-DRESSING

Dieses Dressing schmeckt lecker in Kombination mit einem orientalisch angehauchten Gericht, einem frischen grünen Salat, gedünstetem Gemüse oder als Soße zu Pasta. Für einen Dip einfach weniger Wasser zugeben.

Ergibt 320 ml

☆	☆	☆
80 ml Tahina	Saft von 1 Zitrone	1 Knoblauch-zehe

Alle Zutaten im Mixer mit ¼ TL Salz und 240 ml Wasser glatt pürieren. Hält sich abgedeckt bis zu vier Tage im Kühlschrank.

AHORNSIRUP-SENF-DRESSING

Dieses Dressing schmeckt fantastisch zu grünem Salat oder Getreidegerichten und ist ein fantastischer Dip für gedämpfte Artischocken oder Gemüse vom Blech.

Ergibt ca. 475 ml

☆	☆	☆	☆
350 ml pikante Ca-shew-Creme (s. S. 150) oder veganer Joghurt (s. S. 151)	1 ½ EL Ahornsirup	2 EL Senf	1 EL Apfel-essig

Alle Zutaten mit ½ TL Salz im Mixer glatt pürieren. Hält sich abgedeckt bis zu vier Tage im Kühlschank.

ASIATISCHE SWEET-AND-SPICY-SOSSE

Diese scharfe süß-saure Thai-Soße eignet sich als Dip, im Wok oder als Marinade.

Ergibt ca. 400 ml

☆	☆	☆	☆	☆
240 ml brauner Reissirup	240 ml Apfelessig oder Reisessig	3 Knoblauchzehen, gehackt	1 daumengroßes Stück Ingwer, gerieben	3–5 frische Chilischoten, gehackt

Alle Zutaten mit ½ TL Salz und 240 ml Wasser im Mixer grob vermengen; nicht glatt pürieren, man sollte noch Chilistückchen sehen können. Die Masse anschließend in einem Topf bei mittlerer Hitze aufkochen und bei niedriger Temperatur 20 Minuten reduzieren und eindicken lassen. Auskühlen lassen und in ein sterilisiertes Gefäß mit Deckel füllen. Hält sich bis zu zwei Wochen im Kühlschrank.

AJVAR

Diese würzige Paste mit Rauchnote stammt vom Balkan und schmeckt herrlich mit Avocado auf Toast, zu mediterranen Salaten oder auf einem Veggie-Burger.

Ergibt ca. 500 ml

☆	☆	☆	☆	☆
5 rote Paprika	2 mittelgroße Auberginen	2 Knoblauchzehen, gehackt	1 TL scharfes geräuchertes Paprikapulver (Pimentón de la Vera) oder Chilipulver	3 EL Apfelessig

Den Backofen auf 240 °C (Gas Stufe 9) vorheizen und ein Backblech mit fettdichtem Backpapier auslegen. Die Paprika und Auberginen auf das Backblech legen und rösten, bis die Haut sich schwarz färbt. Die Paprika in eine hitzebeständige Schüssel geben und mit Frischhaltefolie abdecken, damit die Haut weich wird. Die abgekühlten Paprika von Haut, Samen und Scheidewänden befreien. Die Auberginen halbieren und das Fruchtfleisch herauskratzen. Paprika und Aubergine in der Küchenmaschine pürieren.

Das Püree in einem Topf mit den restlichen Zutaten und einer Prise Salz bei mittlerer Hitze aufkochen. Die Temperatur reduzieren und 10 Minuten unter Rühren köcheln. Abkühlen lassen. In ein sterilisiertes Gefäß mit Deckel füllen. Hält sich bis zu einer Woche im Kühlschrank.

PICKLES

Am besten geeignet zum Einlegen sind festes Wurzelgemüse wie Karotten oder Zwiebeln, Kohl oder auch reife Zucchini, die fester sind als junge. Mit einem Gemüsehobel lässt sich das Gemüse schneiden, aber nicht zu dünn, dann wird es labbrig und weich. Als Gewürze sind Senfkörner, Koriandersamen und Kreuzkümmelsamen perfekt. Nach Wunsch kann man unterschiedliche Essige verwenden. Apfelessig im Verhältnis 1:1 mit Wasser verdünnt, ergibt einen mild-säuerlichen Geschmack.

EINGELEGTE RADIESCHEN, FENCHEL & ZWIEBEL

Diese Pickles bekommen nach einem Tag eine schöne rosa Färbung.

Für 3 Gläser (à 300 ml)

☆	☆	☆	☆
1 Bund Radieschen, geputzt	1 mittelgroße Fenchel-knolle, geputzt und vom Strunk befreit	2 rote Zwiebeln, geschält	240 ml Apfelessig

Das Gemüse in dünne Scheiben schneiden. Mit 1 TL Salz in einer großen Schüssel mit den Händen mischen und anschließend auf drei Gläser mit Deckel verteilen. Mit jeweils 80 ml Essig bis zur Hälfte füllen, danach jedes Glas mit abgekochtem, aber nicht mehr kochendem Wasser auffüllen. Mit dem Schraubdeckel verschließen und kurz schütteln. Mindestens einen Tag kalt stellen. Hält sich geöffnet eine Woche und ungeöffnet bis zu einem Monat im Kühlschrank.

SCHARF EINGELEGTE GURKE

Die Gurke passt hervorragend zu allen asiatischen Gerichten.

Für 3 Gläser (à 300 ml)

☆	☆	☆	☆	☆
1 Salatgurke	2 Schalotten, in Ringe geschnitten	1 Chilischote, in Ringe geschnitten	3 EL Reisessig	1 TL Reissirup

Die Gurke langs halbieren, aushöhlen und jede Hälfte in halbmondförmige Scheiben schneiden. Die Scheiben in einer Schüssel mit den restlichen Zutaten und 1 ½ TL Salz vermischen. Mit Frischhaltefolie abdecken und mindestens 30 Minuten oder über Nacht im Kühlschrank ziehen lassen. Hält sich 2–3 Tage im Kühlschrank.

MEINE VORRATSKAMMER

Eine gut gefüllte Vorratskammer ist hilfreich, um jederzeit köstliche Gerichte zubereiten zu können. Das meiste, was du für die Rezepte in diesem Buch benötigst, findest du im gut sortierten Bioladen oder -supermarkt. Die etwas ausgefalleneren Zutaten wie etwa Kala Namak oder Flüssigrauch sind online erhältlich. Hier sind einige Basics, die ich immer in meiner Vorratskammer habe.

Hülsenfrüchte

Normalerweise koche ich Bohnen und andere Hülsenfrüchte selbst. Wenn ich es jedoch eilig habe, verwende ich manchmal auch Dosen. Die Dosen sollten jedoch BPA-frei sein. Folgende Hülsenfrüchte habe ich immer vorrätig.

Kichererbsen

Rote und gelbe Linsen

Puy- oder Beluga-Linsen: Sie verkochen nicht, sind köstlich und schmecken bissfest am besten. Ideal für Salate.

Rote Kidneybohnen

Cannellini- oder Limabohnen

Erbsen, grüne Bohnen und Ackerbohnen als Tiefkühlware

Bohnensprossen: Sie sind voller Nährstoffe. Grüne Mungobohnen eignen sich besonders gut.

Tempeh und Tofu: Ich verwende beides sparsam, meist für asiatische Gerichte oder als Ei-Ersatz. Sie sollten gentechnikfrei und aus kontrolliert ökologischem Anbau sein.

Getreide und Pasta

Genau wie Hülsenfrüchte ist auch Getreide ein wichtiger Bestandteil der veganen Ernährung. Mit Nüssen, Samen oder Gemüse lässt sich daraus eine eiweißreiche Mahlzeit zubereiten. Da der Zucker aus Vollkorngetreide nur langsam ins Blut gelangt, hält das Sättigungsgefühl lange an. Getreide enthält darüber hinaus Pflanzenfasern, Mineralien und Vitamine. Getreide vor dem Kochen immer waschen.

Reis: Rundkorn-Naturreis, Langkornreis, schwarzer oder roter Reis

Quinoa: hat einen leicht nussigen Geschmack und ist eine gute glutenfreie Alternative.

Haferflocken: für Porridge, Cookies, Müsli oder andere Süßigkeiten. Vorsicht bei Glutenunverträglichkeit: Sie können Spuren von Weizen enthalten.

Anderes glutenfreies Getreide: Hirse, Hirseflocken, Buchweizen (gehört eigentlich zu den Samen); manchmal verwende ich auch Freekeh, Dinkel, Gerste, Mais (für Popcorn) oder Maisgrieß (für Polenta).

Pasta: Vollkorndinkel-, Reis- oder Buchweizennudeln

Mehl und andere Backzutaten

Ich habe immer einige glutenfreie Mehlsorten und folgende andere Basics zum Backen vorrätig:

Kichererbsenmehl: wird vor allem in der indischen und mediterranen Küche verwendet, ist sehr vielseitig, hat einen leicht nussigen Geschmack und dient in vielen Gerichten als Ei-Ersatz. Es hat einen hohen Proteingehalt und kann mit anderen glutenfreien Mehlsorten wie Reis- oder Buchweizenmehl kombiniert werden.

Mandelmehl aus blanchierten Mandeln: wunderbar für Kuchen; ich lagere es wegen des hohen Ölgehalts im Kühlschrank.

Hafermehl: Ich verwende es für Cookies oder mit Mandelmehl für Gebäck. Meist mache ich es selbst, indem ich Haferflocken im Mixer mahle.

Kastanienmehl: besteht aus getrockneten und gemahlenen Maronen; ist in Italien und Frankreich beliebt und hat einen leicht süßen und nussigen Geschmack. Lässt sich mit Buchweizenmehl und Maisgrieß (Polenta) mischen.

Dinkelvollkornmehl: ideal für ein schnelles Brot

Weitere Backzutaten: Backnatron und aluminiumfreies Backpulver sowie Pfeilwurz als Bindemittel, das ich anstelle von Maisstärke und als Ei-Ersatz beim Backen verwende.

Nüsse, Kerne und Samen

Nüsse, Kerne und Samen spielen eine große Rolle in meiner Küche. Da sie aber einen so hohen Fettanteil haben, esse ich nur etwa eine Handvoll pro Tag. Eine kühle (ggf. im Kühlschrank) und dunkle Lagerung verhindert, dass sie ranzig werden.

Mandeln: sehr vielseitig und die einzigen Nüsse, die basisch auf den Körper wirken. In einer leistungsfähigen Küchenmaschine lässt sich mit einem S-Messer in 10–12 Minuten ganz einfach Mandelmus herstellen.

Cashewkerne

Walnusskerne: am liebsten frisch aus dem Garten

Pistazienkerne

Leinsamen: die beste pflanzliche Quelle für Omega-3-Fettsäuren. Sie sind ein großartiger Ersatz für Eier und daher besonders gut als Bindemittel beim Backen geeignet. 1 EL gemahlene Leinsamen mit 3 EL warmem Wasser verrühren und 15 Minuten ziehen lassen, ergibt ein perfektes „Leinsamen-Ei".

Chia-Samen: Diese „Supersamen" enthalten ebenfalls viel Omega-3-Fettsäuren und können als Ei-Ersatz verwendet werden. Ich dicke damit Flüssigkeiten ein, verwende sie für Konfitüre (s. S. 23) und gebe sie in Smoothies und ins Porridge.

Sesamsamen: gibt es in Schwarz, Braun und Weiß; sie enthalten viel Kalzium.

Sonnenblumenkerne

Kürbiskerne: Die Nährstoffkraftpakete enthalten viel Eiweiß, Zink, Eisen und Omega-3-Fettsäuren.

Kokosnuss: Ich habe immer Kokosflakes, Kokosraspel und eine Dose Kokosmilch vorrätig. Verwende die Vollfettstufe und achte darauf, dass sie nur Kokosnuss und Wasser enthält.

Süßungsmittel

Ich verwende keinerlei raffinierten Zucker. Stattdessen greife ich auf einige natürliche Süßungsmittel zurück, auch wenn ich normalerweise keine industriell gefertigten Lebensmittel verarbeite.

Ahornsirup: Ich verwende stets Bio-Qualität und achte darauf, dass er keine Zuckerzusätze, Zuckercouleur oder Maissirup enthält.

Kokosnektar oder Kokosblütenzucker: ist weniger süß als Ahornsirup und schmeckt nicht nach Kokos, sondern nach Karamell; ich verwende beides als Ersatz für braunen oder Rohrzucker.

Brauner Reissirup: ebenfalls weniger süß als Ahornsirup; wird fester und knuspriger, wenn er erhitzt wird, während Ahornsirup klebrig bleibt.

Stevia: eine Pflanze, die keinen Zucker enthält und somit keinen Einfluss auf den Blutzuckerspiegel hat. In verschiedenen Formen erhältlich; am reinsten gemahlen als Pulver. Ich verwende flüssiges Stevia, das aus dem Pulver und Wasser besteht. Um Smoothies, Eiscreme oder Desserts zu süßen, braucht man nur wenige Tropfen.

Datteln: Ich mag am liebsten die weichen und ziemlich großen Medjool-Datteln.

Carob-Pulver: wird aus dem gemahlenen Fruchtfleisch des Johannisbrotbaums gewonnen, der im Mittelmeerraum heimisch ist; Carob-Pulver ist natursüß und enthält kein Koffein (im Gegensatz zu Schokolade) und Gluten, dafür aber Pflanzenfasern und Antioxidantien.

Pürierte Bananen und ungesüßtes Apfelmus: sind natursüß und können zum Süßen von Kuchen, Waffeln, Cookies oder als Ei-Ersatz beim Backen verwendet werden.

Würzmittel

Salz: Ich verwende sonnengetrocknetes Meersalz, da industriell gefertigtes Salz erhitzt wird, wodurch seine Mineralien zerstört werden. Gerichte immer erst ganz zum Schluss salzen und nicht zu viel verwenden. Ich mag am liebsten Keltisches Meersalz (graues Meersalz) aus Frankreich und Kala Namak (schwarzes Salz). Es ist unraffiniert und riecht und schmeckt aufgrund des hohen Schwefelgehalts nach hart gekochten Eiern. Mit seinem Umami-Geschmack würzt es Quiches, pikante Cashew-Creme oder Tofu-Scramble. Es ist im India- oder Asialaden oder online erhältlich. Trüffelsalz enthält kleine Trüffelstückchen und dänisches Rauchsalz verleiht Gerichten eine Rauchnote.

Miso: eine Würzpaste, die aus fermentiertem Reis, Gerste oder Sojabohnen, Wasser und Salz hergestellt wird. Miso enthält gesunde Bakterienkulturen und Vitamin B und gibt Brühe, Suppen und Soßen einen satten Umami-Geschmack. Gerichte stets zum Schluss mit Miso würzen. Helles Miso schmeckt milder, dunkleres reifer und salziger.

Nama Shoyu: nicht pasteurisierte Sojasoße mit salzigem Geschmack

Tamari: glutenfreie Sojasoße; nur unpasteurisierte Sojasoßen verwenden, industriell hergestellte Soßen werden erhitzt, wodurch Bakterien und Enzyme verloren gehen.

Essig: Ich mag am liebsten Bio-Apfelessig; achte darauf, dass er nicht gefiltert, natürlich fermentiert und nicht pasteurisiert ist. Ich verwende ihn für Gemüse aus dem Ofen als Öl-Ersatz. Brauner Reisessig passt mit seinem frischen und milden Geschmack gut zu asiatischen Gerichten.

Getrocknete Steinpilze: 15–30 Minuten in heißem Wasser einweichen; das Einweichwasser mitkochen

Senf

Nährhefe: perfekt für Veganer, denn sie hat einen pikanten Käsegeschmack und steckt voller Mineralien und anderen Nährstoffen. Ich verwende sie für „Ricotta" (s. S. 146) und für die pikante Cashew-Creme (s. S. 150).

Getrocknete Tomaten: Ich ziehe die trockenen den mit Öl im Glas eingelegten vor; die Tomaten einweichen oder einfach hacken und Brühe, Eintopf oder Soßen damit würzen. Auch als Ersatz für Tomatenmark zu verwenden.

Oliven: Sie sollten in Meersalz eingelegt sein und keine künstlichen Farbstoffe oder Konservierungsmittel enthalten.

Algen: ein Superfood, das reich an Mineralien, Vitaminen und Eiweiß ist. Kombu verwende ich für gekochte Bohnen oder Brühe. Nori-Blätter sind ideal für veganes Sushi. Aonori gibt meinen Quinoa-Bratlingen (s. S. 66) einen leichten Fisch-Geschmack. Agar-Agar verwende ich als veganen Gelatine-Ersatz für Desserts.

Flüssigrauch: Das Würzmittel verleiht Gerichten einen Räuchergeschmack und ersetzt den Räucherofen. Achte darauf, dass es nur Wasser und natürliche Räucheraromen enthält; dunkel lagern und sparsam verwenden. Alternativ kannst du auch geräuchertes Paprikapulver (Pimentón de la Vera) oder dänisches Rauchsalz verwenden.

Kräuter und Gewürze

Ich verwende viele Kräuter und Gewürze in meiner Küche. Mit ihnen kann man ganz einfach mexikanisch, indisch oder mediterran kochen. Die nützlichsten Gewürze sind Chili, Zimt, Koriander (ganz und gemahlen), Kreuzkümmel (ganz und gemahlen), frischer Ingwer, geräuchertes Paprikapulver (Pimentón de la Vera), Safran, Sternanis, Kurkuma und Vanille. Vanilleextrakt enthält oft zugesetzten Zucker, daher verwende ich stattdessen Vanilleschoten oder Vanillepulver. Darüber hinaus habe ich immer Gewürzmischungen wie Baharat, Ras el-Hanout, Garam Masala, Currypulver, Fünf-Gewürze-Pulver oder Kräuter der Provence im Haus.
Auch Bio-Rosenwasser und Bio-Orangenblütenwasser finden sich in meinem Vorratsschrank. Rosenwasser wird für Eiscreme, Cookies oder Getränke sowie in der orientalischen und indischen Küche verwendet. Mit Rosenwasser beträufeltes rotes Obst wie Himbeeren oder Erdbeeren, aber auch Rhabarber oder Pflaumen bekommen geschmacklich eine floralere Note. Rosenwasser immer sparsam verwenden, sonst wird der Geschmack seifig. Orangenblütenwasser ist toll, um Desserts, Kuchen und Smoothies zu aromatisieren, und passt wunderbar zu Orangen, Aprikosen, Pfirsichen und Mangos. Außerdem kann man es gut mit Karotten, Kürbis, Nüssen (Mandeln, Kokosnuss, Pistazien) und Gewürzen wie Zimt und Anis kombinieren.

Frische Kräuter können Gerichte beleben. Am liebsten verwende ich Folgende:

Basilikum: Es passt zu Ackerbohnen, Artischocken, Auberginen, Brokkoli, Brunnenkresse, Erbsen, Erdbeeren, Fenchel, grünen Bohnen, Himbeeren, Kapern, Karotten, Knoblauch, Kürbis, Lauch, Mais, Majoran, Meerfenchel, Nektarinen, Nudelgerichten, Oliven, Oregano, Paprika, Petersilie, Pfirsichen, Pilzen, Pinienkernen, Radicchio, Radieschen, Roter Bete, Rucola (Rauke), Spargel, Steckrüben, Thymian, Tomaten, Zitrone, Zucchini.

Koriander: Er passt zu Ananas, Äpfeln, Aprikosen, Blumenkohl, Brokkoli, Brunnenkresse, Chili, Chinakohl, Currypulver, Datteln, Fenchel, Grapefruit, Gurke, grünen Bohnen, Ingwer, Kaffernlimette, Karotten, Kichererbsen, Knoblauch, Kokosmilch, Kreuzkümmel, Kürbis, Kurkuma, Lauch, Linsen, Limette, Mais, Mango, Minze, Nudeln, Orangen, Pak Choi, Paprika, Pflaumen, Piment, Radicchio, Radieschen, Reis, Rotkohl, Rüben, Schnittlauch, Sellerie, Süßkartoffeln, Tomaten, Zitrone, Zucchini.

Dill: Er passt zu Anis, Auberginen, Basilikum, Blumenkohl, Bohnen, Chinakohl, Erbsen, Esskastanien, Fenchel, Gurke, Ingwer, Kapern, Karotten, Knoblauch, Koriander, Kreuzkümmel, Kümmel, Kürbis, Lauch, Mais, Meerrettich, Minze, Oregano, Pak Choi, Paprika, Petersilie, Radicchio, Rosenkohl, Rotkohl, Rüben, Rucola, Sauerkraut, Schnittlauch, Sellerie, Senf, Spargel, Spinat, Tomaten, Weißkohl, Wirsing, Zwiebeln.

Minze: Sie passt zu Ananas, Äpfeln, Mandel-„Ricotta", Auberginen, Basilikum, Birnen, Brombeeren, Chili, Cranberrys, Dill, Erbsen, Erdbeeren, Estragon, Feigen, Fenchel, Granatapfel, grünem Salat, Guave, Gurke, Himbeeren, Ingwer, Kamille, Kardamom, Karotten, Kartoffeln, Kichererbsen, Kirsche, Knoblauch, Kohl, Kokosnuss, Koriander, Kreuzkümmel, Lavendel, Linsen, Majoran, Mango, Melone, Muskatnuss, Nektarinen, Nudelgerichten, Papaya, Pfirsichen, Radieschen, Reisgerichten, Rhabarber, Rosmarin, Rüben, Schokolade, schwarzem Pfeffer, schwarzen Johannisbeeren, Sesamsamen, Sommer-Wraps, Sternanis, Taboulé, Tahina, Thymian, Tomaten, veganem Joghurt, Wacholderbeeren, Wassermelone, Weintrauben, weißen Bohnen, Zitrusfrüchten, Zitronengras, Zucchini, Zwiebeln.

Petersilie: Sie passt zu Ackerbohnen, Artischocken, Auberginen, Basilikum, Blumenkohl, Bohnenkraut, Brühe, Chili, Dill, Erbsen, Estragon, Gartensalat, Getreidegerichten, Gurke, grünen Bohnen, Karotten, Kartoffeln, Kerbel, Knoblauch, Kohl, Kohlrabi, Kürbis, Lauch, Lorbeer, Majoran, Nudelgerichten, Oregano, Pilzen, Radicchio, Radieschen, Rosmarin, Rucola (Rauke), Salsa, Sauerkraut, Sauerampfer, Schnittlauch, Sellerie, Senf, Spargel, Suppen, Steckrüben, Tomaten, Tomatensoße, Zitrone, Zwiebeln.

KOCHEN OHNE ÖL

Vollwerternährung bedeutet, möglichst unbehandelte, frische und unverarbeitete Lebensmittel zu essen. Ich esse daher lieber Nüsse, Avocados und Oliven als die daraus gewonnenen Öle, da der Körper sie leichter verdauen kann.

Anstatt Öl gebe ich zum Anbraten oder Dünsten 2–3 EL Wasser oder Brühe in den heißen Topf. Auch in einer beschichteten Keramikpfanne muss man kein Öl verwenden. Zum Rösten von Gemüse verwende ich weißen Balsamessig, der nicht färbt, Zitrone oder Orangensaft, Wasser oder Brühe. 2–3 EL Flüssigkeit für ein Backblech mit Gemüse reichen aus.

Für besonders knusprige Pommes frites einfach die geschnittenen Kartoffeln 2 Minuten kochen, danach auf einem mit Backpapier ausgelegten Backblech im Ofen bei Umluft backen. Dadurch trocknen die Kartoffeln an der Oberfläche aus und werden knusprig, während sie innen weich sind. Um Pommes frites noch knuspriger zu machen, kannst du sie vor dem Backen auch in einem Teig aus Kichererbsenmehl, Wasser und Gewürzen wenden und anschließend in Kokosraspeln, Mandelmehl oder feinen Semmelbröseln rollen.

Zum Backen empfehle ich Silikonformen, die man nicht fetten muss. Man kann herkömmliche Backformen auch einfach mit fettdichtem Backpapier auslegen. Fett kann durch Fruchtmus wie zerdrückte Banane oder ungesüßtes Apfelmus ersetzt werden. Ich verwende darüber hinaus Mandelmus oder anderes Nussmus sowie pürierten Tofu als Fettersatz.

REGISTER

DIE AUTORIN

Rita Serano ist Rezeptentwicklerin, Food-Bloggerin und Fotografin. Aus ihren Erfahrungen mit unterschiedlichen Ernährungstrends heraus hat sie ihre eigene pflanzenbasierte, saisonale und gesunde Küche entwickelt. Sie lebt mit ihrem Mann und ihrer kleinen Tochter in den Niederlanden und in Frankreich. Dabei lässt sie sich von neuen Ideen und Food-Trends im quirligen Amsterdam inspirieren, genießt aber genauso die Ruhe ihres französischen Landlebens mit eigenem Gemüsegarten.

DANK

Ein Buch schreibt man nicht allein. Man braucht viele Menschen, die dessen Entstehung von Anfang bis Ende begleiten. Ich möchte mich vor allem bei meinem lieben Ehemann Dick bedanken. Er unterstützt mich, hilft beim Ausprobieren der Rezepte, gibt mir Feedback und sagt mir immer, dass ich meine Träume verwirklichen soll. Natürlich danke ich auch meiner Tochter Olivia, dem Stern meines Lebens, die immer gern und neugierig kostet, was ich für sie zubereite. Sie ist einer der Gründe, dass ich gesund und pflanzenbasiert koche. Nicht vergessen darf ich meine Eltern, die mir einen gesunden Start ins Leben ermöglichten.

Ein großes Dankeschön geht an Claire, Hannah, Judith und Kyle von Kyle Books, dafür, dass sie meinen Traum vom eigenen Kochbuch wahr gemacht haben. Ohne eure Unterstützung, eure großartige Arbeit und euer Feedback würde es dieses Buch nicht geben.

Darüber hinaus möchte ich dem wunderbaren Team danken, mit dessen Hilfe ein unglaublich schönes Buch entstanden ist. Ich habe große Hochachtung vor eurer Arbeit und erinnere mich gern an die Zeit, die ich mit Laura, Tabitha, Kendall und Joss verbracht habe. Georgia danke ich für ihr fantastisches Layout und Anne für das sorgfältige Lektorat.

Ich bin dankbar, dass ich das zeitlose Porzellan von Annemieke Boots (www.annemiekebootsceramics.nl) und Jook (www.itsajook.com) verwenden durfte. Meine Gerichte sehen fantastisch auf euren Arbeiten aus. „By Mölle" (www.bymolle.com) haben mir die großartigen, nachhaltig handgefertigten Tischdecken zur Verfügung gestellt.

Ein besonderer Dank geht an die große Food-Community auf Instagram, die mich inspiriert und unterstützt.

Ich danke meinen Freunden und meiner Familie, die meine Kochabenteuer unterstützt haben und immer neugierig und bereitwillig meine Gerichte probieren.

Aber am wichtigsten seid ihr, die mein Buch gekauft haben. Ich hoffe, es hilft euch dabei, mehr pflanzenbasierte Gerichte in euren Kochalltag zu integrieren.